Déia & Tiba Camargos

Família forte

ORDEM, ESTRATÉGIA e MUITA GRAÇA

ECCLESIAE

Família forte: Ordem, estratégia e muita graça
Déia & Tiba Camargos
1ª edição — setembro de 2021 — CEDET
Copyright © Déia & Tiba Camargos

Os direitos desta edição pertencem ao
CEDET — Centro de Desenvolvimento Profissional e Tecnológico
Av. Comendador Aladino Selmi, 4630 — Condomínio GR2, módulo 8
CEP: 13069-096 — Vila San Martin, Campinas-SP
Telefone: (19) 3249-0580
e-mail: livros@cedet.com.br

Editor:
Verônica van Wijk Rezende

Revisão:
Lucas Ferreira Lima

Preparação de texto:
Berenice Orviedo

Diagramação:
Virgínia Morais

Capa:
José Luiz Gozzo Sobrinho

Leitura de provas:
Tamara Fraislebem
Julhiana Bandechi

Conselho editorial:
Adelice Godoy
César Kyn d'Ávila
Silvio Grimaldo de Camargo

§ ECCLESIAE – www.ecclesiae.com.br

Reservados todos os direitos desta obra.
Proibida toda e qualquer reprodução desta edição por qualquer meio ou forma, seja ela eletrônica, mecânica, fotocópia, gravação ou qualquer outro meio de reprodução, sem permissão expressa do editor.

Sumário

CAPÍTULO 1
O ideal divino para o matrimônio 7

CAPÍTULO 2
A espiritualidade conjugal 13

CAPÍTULO 3
O esposo, sua identidade e missão 21

CAPÍTULO 4
A mulher como esposa e mãe 29

CAPÍTULO 5
A sexualidade conjugal 37
    O corpo como lugar teológico 37
    O pecado 38
    A fecundidade do matrimônio 42
    Sexualidade restaurada 47

CAPÍTULO 6
A educação dos filhos 53
    A formação espiritual dos filhos 54
    O fascínio por Deus 58
    A disciplina e o afeto 61

CAPÍTULO 7
Os quatro hábitos básicos no cuidado dos filhos ... 67
    Sono 69
    Alimentação 71
    Higiene 73
    Ordem 74

CAPÍTULO 8
A formação humana dos filhos 77
   O exemplo dos mestres......................... 79
   O ambiente da educação...................... 81

CAPÍTULO 9
As crises 83
   As crises comuns 84
   As crises impróprias 87
   Superando um casamento conturbado ... 89

CAPÍTULO 10
Uma casa sobre a rocha 95
   Os três inimigos da alma 96

Conclusão 107

CAPÍTULO 1
O ideal divino para o matrimônio

Médico nenhum pode prescrever tratamentos sem que haja um diagnóstico prévio. É necessário, portanto, que cada um de nós pare num determinado momento e reflita a respeito da situação do próprio casamento, da vida familiar e do sentido da nossa vida, encarando corajosa e sinceramente sua própria circunstância. Sabemos que para alguns esse exercício será difícil, mas é justamente para esses que ele é mais útil e urgente.

Este livro é um convite à reflexão sobre nosso estado de vida, e não recomendo que continuem a leitura aqueles que não estiverem dispostos a encarar algumas verdades incômodas.

Se a reflexão for causa de desânimo, pouco importa, pois aqui mostraremos como transformar em alegria a tristeza. Se for motivo de ânimo, este livro também é para você, já que daremos dicas para melhorar o que já é considerado bom, a fim de que todos terminem a leitura fortalecidos.

Reconhecer nossas misérias e limites é o primeiro passo para chegar à maturidade. Ninguém consegue avançar ou crescer escondendo a verdade, assim como nenhum paciente, se deseja ser curado, deve ocultar do médico detalhes dos sintomas de sua doença.

É justamente nesse sentido que Sócrates disse "Só sei que nada sei". Ele sabia que a primeira condição para adentrar profundamente o conhecimento de qualquer natureza era justamente o humilde e verdadeiro reconhecimento de que *não se sabe*. Quando dizemos: "Senhor, estou despido diante de Ti e está aqui a minha verdade", acontece uma grandiosa libertação — principalmente para nós, pós-modernos, filhos da aparência, da mentira e da desfaçatez. Não é razoável esconder de Deus e de nós mesmos a nossa realidade, por mais dura que ela seja, porque toda cura começa no ato de encará-la e apresentá-la a Deus tal como ela é, sem enfeites, mas também sem depreciações injustas.

Com a consciência da necessidade de se fazer um exame da situação real, passemos a falar do matrimônio enquanto ideal a ser buscado, baseando-nos no que Deus pensou, ou seja, na forma mais elevada de se viver o matrimônio.

☙

Em seu livro *A intimidade conjugal*, Pierre Dufoyer explica que o casamento é a única comunidade de vida total, isto é, uma união de carne, espírito e alma — totalidade de intensidade —, até a morte — totalidade de tempo.

> *União da carne*: é o que diferencia o matrimônio da amizade. Há intimidade de coração, espírito e alma na amizade, mas não há união carnal. Esta é propriedade exclusiva

do matrimônio, onde a coabitação é completa e contínua. A união da carne consiste, portanto, em uma união mais íntima e total, que se apodera de todo o ser, tanto na parte física quanto psíquica.

> O casamento é a única comunidade de vida total, isto é, uma união de carne, espírito e alma — totalidade de intensidade —, até a morte — totalidade de tempo.

União do coração: aqui, vemos os sentimentos e afetos, a capacidade de alegrar-se com o outro, de os dois se completarem; enfim, de desejar à outra pessoa a felicidade. São essas as características que distinguem das relações animais o amor humano; e da companheira ocasional, a esposa.

União do espírito: são os elementos intelectuais do amor — a concordância de idéias e concepções, os projetos em comum, as cosmovisões.

União de alma: são as profundezas do ser, o pertencimento de um ao outro, um modo de viver em que alegrias, tristezas, sucessos e fracassos tornam-se compartilhados. Uma prova de que o amor não é apenas carnal. Este tipo de união é o que diferencia esposos de amantes, porquanto somente os verdadeiros esposos permanecem unidos, mesmo nas provações.

União até a morte: o casal permanecerá unido até mesmo quando for preciso enfrentar o ocaso de suas forças; do ardor da juventude até a solidão da velhice. Segundo Dufoyer, "dar-se totalmente e para sempre é viver o casamento tal como Deus o quis".[1]

Isto também nos ensina São João Paulo II em sua teologia do corpo, quando afirma que o matrimônio precisa ser *livre, total, fiel* e *fecundo*. O plano original de Deus para o matrimônio tem dois sentidos principais, que são os motivos pelos quais nos unimos a nossos companheiros: a preservação da espécie (uma inclinação biológica, como que instintiva e animalesca) e o aspecto espiritual da união, que envolve a busca por um amor perfeito; temos uma alma que tem sede de sentido, inteireza e perenidade, ou seja:

> Em sua teologia do corpo, São João Paulo II nos ensina que o matrimônio precisa ser *livre, total, fiel* e *fecundo*.

1. Sentido: queremos saber o porquê das coisas;

2. Inteireza: não nos conformamos com nossa incoerência; apesar de sermos seres fragmentados, isto nos incomoda. Comumente expressamos aquilo em que acreditamos, porém enfrentamos dificuldades para viver em concordância com nossas crenças.

3. Perenidade: a idéia de finitude não nos sacia. Queremos permanecer e ser eternos.

Em resumo, a começar pelo último aspecto, ansiamos pelo Deus eterno que nos salva, pelo Deus uno que nos desfragmenta e unifica, e queremos realizar o projeto d'Ele em nossas vidas. A grandeza de nossas almas

---

[1] Pierre Dufoyer, Coleção *A intimidade conjugal*. Niterói, RJ: Editora Caritatem — NE.

explica por que comumente esperamos do cônjuge a perfeição, e isto em si não é um erro — o erro consiste em buscarmos tal perfeição no outro quando só Deus nos pode oferecê-la. Nesse contexto, Padre Paulo Ricardo afirma: "Felicidade é o que esperamos, mas é a miséria o que nós conseguimos".

Deus nos fez incompletos, ao contrário da égua, por exemplo, que é plenamente realizada em sua "égüice". Ela não espera que o cavalo seja cordial, tampouco que a elogie ou faça declarações de amor — espera apenas copular e perpetuar a espécie. Porém, nós, seres humanos, temos uma alma espiritual que não se satisfaz com tão pouco. *Temos sede de amor perfeito*, o que é extraordinariamente elevado, mas isso pode se tornar um problema se projetamos no cônjuge algo que ele jamais poderá nos dar. Isto quer dizer que devemos nos contentar com pouco no casamento? Respondo: não, nem com o que pensamos ser tudo.

Somos o resumo do universo, a síntese de toda a criação de Deus. Reunimos em nós características de todas as coisas que Deus criou: as partes mineral, vegetal, animal e espiritual. Temos o *ser* como os minerais; a *vida* como os vegetais; a *sensibilidade* como os animais; e, tal qual os anjos, a *inteligência*. Isso explica nossa busca pelo que é perfeito, mas não justifica que a direcionemos para outras coisas além de Deus. Um cônjuge jamais nos fará plenamente felizes, pois não é Deus. É importante que entendamos isto de uma vez por todas!

Segundo o especialista e pesquisador Eli Finkel, professor de psicologia social na Northwestern University, em reportagem do *site* pt.aleteia.org, pode-se resumir numa única palavra o principal motivo do fracasso dos casamentos: expectativa. De acordo com ele, as pessoas esperam perfeição de seus cônjuges, ou algo próximo disso. Este é um anseio por demais elevado para um ser humano limitado... Querem cônjuges bons em tudo, que as façam felizes, crescer, realizar sonhos, ser pessoas melhores... com isso, acabam por transferir para o outro a responsabilidade pela própria felicidade. Trata-se de imaturidade, até porque também somos incapazes de dar tudo quanto o outro espera, por sua vez, de nós.

Outro fato que Eli Finkel aponta é que, quanto mais a pessoa em crise se recusa a buscar ajuda, mais a crise se agrava, eventualmente causando o fim do casamento. Ele defende que quanto maior for a rede de amizades e relacionamentos familiares que a pessoa tiver, tanto melhor; pois alguém muito fechado, que não se relaciona com ninguém, tende a colocar todo o centro de sua vida, com suas expectativas e frustrações, apenas sobre o cônjuge.

CAPÍTULO 2

A espiritualidade conjugal

De modo geral, as pessoas não se entusiasmam muito com o tema "oração", e suspeitamos que a maioria dos problemas conjugais está justamente relacionada a essa falta de interesse. Santo Afonso Maria de Ligório, também chamado de Doutor da Oração, é uma das maiores autoridades da Igreja quando o assunto é moral. Ele escreveu um livro chamado *A oração* e, logo nas primeiras linhas, diz:

> Dei à luz várias obras espirituais, mas julgo não ter feito obra mais útil do que este livreto, no qual falo da oração enquanto meio necessário e seguro de se obter a salvação e todas as graças necessárias para alcançá-la. Não está a meu alcance, mas, se pudesse, gostaria de imprimir deste livro tantas cópias quantos são os fiéis que vivem sobre a Terra, e dispensá-las, uma para cada, a fim de que cada um entenda a necessidade que todos nós temos de orar para nos salvar.[1]

---

[1] *A oração: O grande meio para alcançar a salvação eterna e todas as graças que desejamos receber de Deus.* Campinas: Ecclesiae, 2021; tradução de Ulisses Trevisan Palhavan, p. 15 — NE.

Ao longo de todo o livro, Santo Afonso insiste em mostrar que é a oração que atrai a graça, sem a qual é impossível conquistar a santidade; ou seja, a vontade de Deus nas nossas vidas. "Esta é a vontade de Deus: a vossa santificação" (1Ts 4, 3).

É evidente que, sem oração, não será possível conseguir uma família forte. É pela oração que nos fortalecemos com o auxílio divino. É por ela que protegemos nossa casa dos ataques do diabo, que nos últimos tempos vem investindo especialmente contra a família e o matrimônio.

Nas aparições de Nossa Senhora pelo mundo, ela pede insistentemente que façamos da oração uma prática diária em nossas vidas. Foi pela oração que Moisés freou a ira de Deus contra o rebelde povo eleito; foi pela oração que esse mesmo povo conquistou a terra prometida, causando a ruína das muralhas de Jericó. A oração ajudou Judas Macabeu a sair vitorioso de um conflito no qual estava em desvantagem, com menos homens. Jesus, o exemplo de perfeição, mesmo sendo o próprio Deus, reza ao Pai diversas vezes, seja para escolher os apóstolos, seja para livrar Simão Pedro da peneira de Satanás, ou mesmo antes de realizar um grande milagre. Ele nos ensina o Pai-Nosso, revela que a oração de súplica a Deus precisa ser insistente. Se fôssemos reunir aqui todos os inúmeros exemplos bíblicos em que é enfatizada a necessidade da oração na vida do fiel, precisaríamos de um livro exclusivo só sobre o tema. Queremos que todos entendam a urgência da conversão para que se tenha uma vida oracional madura, intensa e consistente.

A conhecida frase "Família que reza unida permanece unida", do padre irlandês Patrick Peyton, pode parecer um pouco batida, mas é extremamente verdadeira, pois a oração no seio familiar não é apenas um fator que contribui para uma melhor e mais santa convivência entre seus membros; é, antes, uma forte arma espiritual contra os ataques sistemáticos que Satanás vem lançando contra a família.

Quando Cristo eleva o casamento à condição de sacramento, o estado de vida matrimonial torna-se sobrenatural e, portanto, é preciso lutar com armas sobrenaturais.

> A família precisa viver no espírito de fé, tendo consciência de que a união do casal não é simplesmente humana e carnal, mas sobrenatural e espiritual.

Além de arma, é a oração o meio de santificação do casal, pois no matrimônio a ascese não deve ser buscada e vivida solitariamente, mas em família. Não é uma busca de santidade *apesar* do cônjuge ou *apesar* dos filhos, mas uma busca *pelo* cônjuge e *com* ele, *pelos* filhos e *junto* deles. A família precisa viver no espírito de fé, tendo consciência de que a união do casal não é simplesmente humana e carnal, mas sobrenatural e espiritual. A fé deve estar presente em todos os aspectos da vida conjugal, a toda hora e em cada ato. O dia do casal, da família, deve ser encarado como um dom de Deus, no qual há uma tarefa divina a executar, e tem de ser oferecido a Deus na oração matinal em comum. Depois, cada um vai para suas atividades, a serem desempenhadas com amor; por mais simples que sejam, elas devem ser encaradas como missões dadas por Deus, úteis aos homens.

Ao fim do dia, os dois novamente orarão, louvando a Deus e mostrando-se gratos pelos dons recebidos. A família que reza unida dá um grande ensinamento de fé aos filhos; quando os pais rezam, não é preciso mandar os filhos fazerem o mesmo, pois estes automaticamente o farão.

Rezar o santo terço em família é excelente. Por meio dele, ao contemplar cada mistério, ensinamos a nossos filhos a história da salvação. Educamos na paciência (que vem pela repetição), na disciplina, no respeito ao sagrado — tudo isso com orações simples, mas eficazes.

Agora, dentre todas as orações, o Santo Sacrifício da Missa é a maior, ultrapassando infinitamente todas as outras, pois é ali que o sacrifício de Cristo no Calvário se atualiza, agora de forma incruenta. É a oração mais perfeita, porque é o próprio Cristo que reza e se entrega em sacrifício ao Pai por nós. O preceito dominical é o centro da espiritualidade — deve ser uma prática natural para a família participar todos os domingos da Santa Missa, que é o centro da espiritualidade do católico, o cume de todas as práticas de piedade.

⁂

A espiritualidade dos casados é vivida também no dia-a-dia; muitas vezes, nossas orações acontecem na correria dos afazeres, entre sacrifícios, tristezas e alegrias. Não somos chamados a viver a espiritualidade dos monges, dos padres, das religiosas, que têm mais tempo para se dedicar à oração por causa de sua vocação específica. Não convém que uma mãe de família passe a tarde em oração quando há crianças precisando de cuidados ou uma casa a limpar. Ela não agrada mais a Deus quando se dedica mais à oração do que quando cuida de seus filhos, pois não é uma religiosa celibatária. Não convém que o marido chegue em casa e diga: "Vou tomar meu banho e fazer minhas orações".

> A espiritualidade dos casados é vivida também no dia-a-dia; muitas vezes, nossas orações acontecem na correria dos afazeres, entre sacrifícios, tristezas e alegrias.

Há uma esposa cansada precisando de ajuda, há filhos com saudades querendo a presença do pai. Tendo chegado em casa, deve-se renovar as forças na companhia de quem estava à espera, e com eles fazer suas preces, talvez mais breves e mais simples, mas em família. Deus pedirá contas de acordo com a vocação de cada um.

Ademais, é importante que demonstremos nosso cristianismo e nossa fé também à mesa. É preciso fazer a oração antes das refeições, ensinando nossos filhos a serem gratos e humildes, fazendo-os entender que tudo vem da bondade e da Providência de Deus.

A oração deve perpassar todos os momentos felizes ou tristes que a família experimentar. Deve-se rezar tanto na festa de aniversário quanto na doença ou no luto. Quando um dos membros da família estiver passando por dificuldades, os outros devem reunir-se e rezar por ele. Diante de uma prova, um concurso, um vestibular, diante do desemprego ou ainda ao término de um namoro — em tudo o ideal sempre é recorrer à oração.

Antes de pedir a alguém que reze por vocês, a própria família, que possui laços profundíssimos entre seus membros, é que deve colocar-se em oração.

Não interceder pelos próprios filhos é desperdiçar a graça que se recebe pelo sacramento do matrimônio. Muitos casais não conhecem a força espiritual que existe na oração dos cônjuges. Ignoram a autoridade que possuem. Não raramente, recorrem a terceiros, suplicando que rezem pelos seus filhos, sendo que a principal graça de intercessão possui quem, pelo sacramento, recebeu de Deus tal tarefa.

A realidade espiritual do matrimônio ultrapassa nosso entendimento. Se soubéssemos de fato o que ele significa, teríamos mais fé diante de uma tribulação familiar. São Francisco de Sales diz:

> Deus une o marido à mulher com Seu próprio sangue, e por isso a união é tão forte que é mais fácil separar-se a alma do corpo de um e de outro do que o marido separar-se da mulher. Ora, esta união não se entende principalmente do corpo, mas do coração, do afeto e do amor.[2]

O mistério do matrimônio é grandioso e revela a identidade de Deus porque, assim como Ele, é comunhão. Nós, que recebemos esse sacramento, participamos de uma união espiritual familiar como a da vida trinitária de Deus: somos ícones da Trindade Santa. A união do homem e da mulher é um sinal sensível da presença de Deus no mundo; é a expressão concreta da união de Cristo com a Igreja.

---

[2] *Filotéia: Introdução à vida devota.* Campinas: Ecclesiae, 2021; tradução de Felipe Lesage, p. 230 — NE.

vida trinitária de Deus: somos ícones da Trindade Santa. A união do homem e da mulher passa a ser um sinal sensível da presença de Deus no mundo; é a expressão concreta da união de Cristo com a Igreja:

> Maridos, amai as vossas mulheres, como Cristo amou a igreja e se entregou por ela, para santificá-la, purificando-a pela água do batismo com a palavra, para apresentá-la a si mesmo toda gloriosa, sem mácula, sem ruga, sem qualquer outro defeito semelhante, mas santa e irrepreensível. Assim os maridos devem amar as suas mulheres, como a seu próprio corpo. Quem ama a sua mulher ama-se a si mesmo. Certamente, ninguém jamais aborreceu a sua própria carne; ao contrário, cada qual a alimenta e a trata, como Cristo faz à sua igreja.
> — Ef 5, 25–29

A analogia que São Paulo faz com o matrimônio exige de nós uma conduta à altura de tal dignidade. Assim, devemos colaborar com a graça, como afirma Santo Inácio de Loyola: "Age como se tudo dependesse de ti, mas consciente de que na realidade tudo depende de Deus".[3]

Se em outros tempos acreditou-se que o matrimônio era um empecilho para a santificação, hoje sabemos que não é apesar dele que nos santificamos, mas justamente cumprindo o que lhe é próprio. Não deve haver dúvidas de que a família — "santuário da vida", como afirmou São João Paulo II — é um lugar privilegiado para vivermos nossas práticas de piedade. Não faça de sua casa um ambiente onde só

---

[3] Cf. Pedro de Ribadeneira, *Vita di S. Ignazio di Loyola*. Milão: Claudio Gallone Editore, 1998 — NE.

haja distrações vazias, mas um verdadeiro santuário onde Deus tenha a primazia. Então a alegria da convivência familiar será tão natural que nenhum esforço precisará ser empreendido para reunir todos ao redor da mesa ou do altar.

CAPÍTULO 3

O esposo, sua identidade e missão

"Se quiséssemos ir até a fonte das decadências e das prosperidades que se vêem suceder na história dos povos, é até a família que deveríamos ir".[1] Esta afirmação do Padre Gibergues nos mostra que o futuro da pátria e da Igreja se origina na família, onde tudo começa, e donde tanto pode nascer um Hitler quanto um São Leão Magno. O primeiro sacrificou inúmeras vidas em sua sede de poder, ao passo que o segundo pôs em risco a si mesmo para salvar todo um continente.

A família é uma instituição divina que ilustra a natureza do próprio Deus: Pai, Filho e Espírito Santo, comunhão sagrada de amor que reflete o modo de ser divino. Compreender isto e vivê-lo tem impacto direto sobre o nosso mundo; de certo modo, pode-se dizer que, quando um casal vai bem, a família também vai; e, se esta permanece saudável, o mundo assim também permanece.

Deus fez o homem à Sua imagem e semelhança quando criou este vasto universo. Deu-lhe uma

---

[1] Padre Emmanuel Gibergues, *O marido, o pai, o apóstolo*. Niterói, RJ: Editora Caritatem — NE.

companheira de mesma natureza, e tornou fecunda a comunhão da carne, fazendo dos dois seres criados cooperadores na Criação, o que a um só tempo revela-se-nos grandioso e misterioso. E na família o homem foi por Deus instituído líder, como a cabeça de um corpo, e a ele foi dada uma função, a saber, amar e dar a vida: "Maridos, amai as vossas mulheres, como Cristo amou a Igreja e se entregou por ela" (Ef 5, 25). São confusos os tempos em que vivemos: as ideologias invadem os lares e, com o auxílio dos meios de comunicação em massa, sobrepujam o bom-senso; a essa tarefa de perverter os valores também contribuem a classe artística, as escolas e universidades, contaminadas por idéias de intelectuais progressistas cujo trabalho é alterar a natural ordem das coisas. Atualmente há quem acredite que as identidades masculina e feminina são mera construção social, desvinculadas de uma lei natural; e os que denunciam as tentativas de subversão costumam ser considerados preconceituosos, racistas, sexistas etc. Eles também defendem somente idéias que sejam convenientes aos seus fins, criando um falso antagonismo entre fé e ciência. Os cientificistas, agora, suprimem evidências em nome da ideologia.

Fé e razão, juntas, dizem que homem e mulher são diferentes e complementares. Vejam o que São Paulo Apóstolo fala a respeito dos maridos: "O marido é o chefe da mulher, como Cristo é o chefe da igreja, seu corpo, da qual ele é o Salvador" (Ef 5, 23). O que eles precisam fazer: "Maridos, amai as vossas mulheres,

---

"O marido é o chefe da mulher, como Cristo é o chefe da igreja, seu corpo, da qual ele é o Salvador" (Ef 5, 23).

como Cristo amou a igreja e se entregou por ela, para santificá-la" (Ef 5, 25–26); e "Os maridos devem amar as suas mulheres como a seu próprio corpo". E citando o Gênesis, ele diz: "O homem deixará pai e mãe e se unirá a sua mulher, e os dois constituirão uma só carne (Gn 2, 24)". São Paulo primeiro confirma a identidade do esposo para depois confirmar sua missão.

Certa vez, o Papa São João Paulo II foi abordado por um repórter enquanto cumprimentava fiéis: "Santo Padre, muitos dizem que o senhor é o representante de Cristo na Terra, que é que tem a dizer sobre isso?".

> Se o marido é o líder da família, sua autoridade precisa ser precedida por seu exemplo. A autoridade exercida pelo marido procede da coerência entre suas palavras e ações, e deve ser terna, atenciosa e ordenada.

A resposta veio espontaneamente, como se já estivesse pronta: "Não temos de temer assumir aquilo que de fato somos!". Os maridos precisam ter clareza quanto a sua identidade e missão. Quem sabe o que é, sabe o que precisa fazer. Se o marido é o líder da família, sua autoridade precisa ser precedida por seu exemplo. Não basta ter poder, se com este não há autoridade nenhuma. A autoridade exercida pelo marido procede da coerência entre suas palavras e ações, e deve ser terna, atenciosa e ordenada; uma autoridade pacífica, que não esmaga. O bom marido sabe que sua autoridade advém da ternura, não da rispidez. Esse é o verdadeiro "chefe", como afirma São Paulo. Atrai para si o olhar atento, não impõe, e por isso a família reconhece prontamente suas ordens, pois tem confiança e segurança em suas palavras. A família sabe que ele morreria por ela.

Tudo seria mais fácil se o homem não trouxesse em sua carne a marca do pecado original, que muitas vezes o empurra à omissão, ao silêncio infecundo, assim como Adão no início do Gênesis. Quando é relatada a tentação da serpente, em nenhum momento a Palavra afirma que Eva estava sozinha com o animal. Após cair em tentação, ela imediatamente oferece o fruto proibido a Adão, que por sua vez também cai. Adão, ali ao lado de Eva, decidiu ficar em silêncio, apenas observando a ação de Satanás — um verdadeiro desastre. Quando o marido é omisso e não orienta nem protege a família, ela se enfraquece pois fica sem sua principal referência.

A esposa espera do marido uma postura ativa diante das grandes questões e dramas que a família tenha de enfrentar. Talvez não consiga perceber claramente que a desordem se dá devido à omissão do marido, mas certamente sentirá as conseqüências disso. A tagarelice e as murmurações constantes da esposa podem ser uma tentativa insana de reequilibrar o lar, à deriva por causa do silêncio do marido.

No lar, é preciso evitar os dois extremos: gritos e silêncios. Enquanto a gritaria tira a paz e provoca violência, a omissão causa a morte. Um lar sem vida é a messe de Satanás. Por isso, o marido não pode renunciar a sua autoridade em casa. Quando o marido não exerce sua função, a esposa tenta de várias formas compensar essa falta, talvez sem se dar conta disso, substituindo-o. Por mais que existam mães heróicas e esposas guerreiras, somente a identidade masculina possui certos atributos, e portanto é impossível que a mulher substitua o homem. Uma criação unilateral dos filhos deixará rastros por toda a vida; será defeituosa. Isso não significa que em uma família onde o pai é ausente os filhos necessariamente crescerão condenados à infelicidade ou à derrota. Não somos condicionados por um único fator, mesmo que muito importante. Temos a capacidade de dar respostas diferentes ante as adversidades da vida, e não nos é possível tirar a liberdade de escolher nossa atitude diante de qualquer circunstância, como nos ensina Viktor Frankl.[2] Temos ainda a graça de Deus, que nunca nos falta. Contudo, é preciso sermos honestos e reconhecer que a ausência de um pai ou marido prejudica, de fato, em certa medida, a formação de uma família forte e saudável. Segundo estudos, quando só a mãe freqüenta a Igreja, os filhos costumam não perseverar em seu caminho de fé, ao contrário de quando o pai também é religioso. Os filhos têm como foco, antes de tudo, as ações dos pais, e tendem a repetir o que deles aprendem pela observação. Tamanha influência exige proporcional responsabilidade.

 O pai, sob outro aspecto, tem a terrível tendência de ausentar-se; e a mãe, a de ser possessiva. Os esposos precisamos tomar consciência disso e empreender os devidos esforços para livrar a família dessas armadilhas. É preciso haver a colaboração entre os dois, a partilha da responsabilidade na educação dos filhos. O pai, naturalmente, é o provedor, mas tem ainda outras responsabilidades; quando delas se afasta, com desculpas que apenas denotam covardia, coloca

---

[2] Cf. *Um psicólogo no campo de concentração*. Campinas: Auster, 2021 — NE.

nos ombros da esposa um fardo pesado demais para que ela carregue. A ausência psicológica do pai é tão nefasta quanto a ausência física. Falham gravemente tanto o pai que se ausenta excessivamente do lar sem necessidade quanto o que, estando em casa, não dá atenção aos filhos. Com o tempo, isto cria um abismo na família. O pai já não conhece o mundo do filho, e assim não sabe como nem o momento certo de agir em seu processo educacional. O homem que se ausenta, não por necessidade ou imposição das circunstâncias, mas por priorizar uma tarefa em detrimento da paternidade, falha gravemente em sua missão. Um esposo e pai que justifica sua ausência em nome da missionariedade simplesmente não entendeu ainda qual é sua primeira e mais importante missão. Não duvido de sua boa intenção, e Deus há de julgar as coisas conforme o grau de consciência de cada um, mas as conseqüências serão colhidas invariavelmente. Não cabe ao vocacionado ao matrimônio abandonar a própria prole em nome da salvação da dos outros. Deus pedirá conta primeiramente dos talentos que confiou a ele, não dos talentos confiados a terceiros. Estejamos atentos, porque a terceirização das obrigações vem sendo justificada em nome de Deus. Um efeito disso é que os filhos podem se tornar revoltados, avessos à religião. Crianças e adolescentes não racionalizam as situações, apenas seguem seus corações, e podem magoar-se profundamente com a ausência paterna. Muitos desses filhos tentam vingar-se dos pais, optando pelo caminho inverso que os dois seguiram. Se isso acontece, será muito mais difícil retomar o elo perdido. Aquele que é bom esposo e pai, sempre será, também, bom pastor, pois dá a vida por suas ovelhas e não se conforma quando uma delas é perdida, indo até as últimas conseqüências para salvá-la, não medindo esforços para tanto.

Ser pai tem conseqüências. O pai leva o nome de Deus, que se revela como Pai, e isso é magnífico. Não é fácil nos acostumarmos com o termo "Deus Pai", pois faz transparecer a enorme responsabilidade que todos os pais possuem. Um mau pai pode passar a imagem de um Deus relapso e insensível, diferentemente de um bom pai, que reflete a bondade e o cuidado divinos.

> O pai leva o nome de Deus, que se revela como Pai. Um mau pai pode passar a imagem de um Deus relapso e insensível, diferentemente de um bom pai, que reflete a bondade e o cuidado divinos.

Permita que seus filhos o vejam rezando, prezado pai. Que eles o vejam comungando, liderando as orações antes das refeições e antes das viagens. Permita que seus filhos o vejam visitando asilos, orfanatos, dando de comer a andarilhos; permita que seus filhos o vejam perdoando e amando sua esposa. Isso é um direito deles: "Os filhos têm direito à unidade da família e à estabilidade do amor, e isso está ligado ao próprio direito de viver" (Padre Charbonneau).

A vida de um pai temente a Deus é a mais eficaz das catequeses, e é por seu exemplo que a família caminha para o Céu.

CAPÍTULO 4

A mulher como esposa e mãe

> *A graça de uma mulher cuidadosa rejubila seu marido e seu bom comportamento revigora os ossos. É um dom de Deus uma mulher sensata e silenciosa, e nada se compara a uma mulher bem-educada. A mulher santa e honesta é uma graça inestimável, não há peso para pesar o valor de uma alma casta.*
> — Eclo 26, 16–20

Além do que lemos na Sagrada Escritura, os Padres da Igreja atestam o valor de uma mulher virtuosa: "Nada é melhor que uma excelente mulher, e nada é pior do que uma mulher má", é o que diz São Gregório de Nazianzo. São João Crisóstomo, por sua vez, fala sobre as mulheres: "Vós possuís uma ciência superior a todas as tempestades; tendes a energia de um espírito superior, que é mais poderoso que inumeráveis exércitos, e mais seguro que as altas muralhas e elevadas torres".

A mulher é a vida do lar. A luz que ilumina a casa. Um lar onde a mulher não assume seu papel e não vive sua missão de esposa e mãe fica, inevitavelmente, enfraquecido. Porém, quando há no lar uma esposa atenta, uma mãe cuidadosa, o que reina é a paz. Como é agradável aos membros da família e às visitas encontrar uma casa organizada, limpa e cheirosa, por mais simples que seja o aposento; a mulher virtuosa consegue transformar o lugar em um paraíso. É inegável que está nas mãos da mulher essa capacidade. A mulher desmazelada é a ruína da casa, nada agrada ali; o marido, por mais que se esforce, não conseguirá pôr ordem nessa casa. Uma casa tranqüila resulta de uma esposa tranqüila; uma casa alegre resulta de uma esposa alegre; uma casa agitada resulta, por sua vez, de uma esposa agitada. O esposo pode ter grande participação nisso, mas no geral a identidade da casa é mesmo dada pela mulher. Ela decide o que vai à mesa, se a família terá uma alimentação saudável ou não, qual o estilo das roupas que a família vestirá; é ela quem sai para comprar roupas e define a decoração da casa, a disposição dos móveis — a esposa dá a definitiva feição do lar. Não são bobagens o pequeno detalhe da flor na mesa, a cama arrumada, o cobertor cheiroso, a pia vazia e limpa. Cuidado, mulheres, para que o celular e a TV não lhes roubem o tempo que é devido aos de sua família e ao cuidado com a casa, porque nisso está parte essencial de sua missão.

Se o homem é o desbravador do mundo, a mulher é a ordenadora do lar. E isso não é, de forma alguma, uma exaltação dos homens em detrimento das mulheres, porque sabemos que um lar é infinitamente mais complexo e sagrado do que o mundo. Não é por acaso que existe uma real tentativa de tirar da mulher o que lhe é próprio; de obscurecer-lhe a maternidade, a dedicação esponsal, a delicadeza e a feminilidade, para fazer dela um pseudo-homem voltado somente para o mundo. Os "engenheiros sociais" descobriram que, quando a mulher se desfigura, toda a sociedade se desfigura igualmente, pois a formação da humanidade passa pelas mulheres. Ao levá-las para o mercado de trabalho,

> Um lar é infinitamente mais complexo e sagrado do que o mundo. Não é por acaso que existe uma real tentativa de tirar da mulher o que lhe é próprio, de obscurecer-lhe a maternidade, a dedicação esponsal, a delicadeza e a feminilidade.

passaram a alegar que era um desperdício que elas ficassem boa parte do tempo em casa, como se essa dedicação não fosse algo grandioso. A partir do momento em que as mulheres começaram a ausentar-se de seus lares, instaurou-se uma crise na família, porque, tendo de trabalhar, elas tiveram de terceirizar grande parte da educação dos filhos.

A grandeza da mulher se expressa de várias formas, mas consiste sobretudo no fato de ela, primeiramente, ser capaz de gestar uma vida humana e, depois, poder orientar essa vida, educando-a. É um mistério que se revela a qualquer olhar um pouco mais atento. O corpo feminino, por exemplo, revela por si mesmo a identidade e missão da mulher: ela gera vidas, sua pele é suave e aconchegante, sua voz acalma, sua beleza faz-nos pensar na bondade e na beleza divinas. A mãe gera outro ser e lhe forma a alma. Se abandona a prole, ou tenta limitar-lhe a liberdade, perverte o próprio papel. Já o pai será quem mostrará às crianças que existe vida longe da barra da saia da mãe, concretizando assim o papel complementar de um casal ao formar os filhos.

As mães são a identidade da casa. Se hoje temos uma sociedade caótica, é porque nas últimas décadas as mães abandonaram, negligenciaram ou terceirizaram sua função. E não por acaso, muitas delas, num processo providente de tomada de consciência, estão abdicando de cargos e funções sociais para retornar a seus lares e exercer suas verdadeiras vocações. O movimento tem ganhado força.

É claro que não podemos ignorar que, hoje, em muitas famílias, é indispensável a contribuição financeira da mulher. Não convém demonizar tais mulheres, afinal elas cumprem um dever e muitas se angustiam por causa disso, não encontrando, no momento, uma solução para tal sofrimento. Também não se pode ignorar que as mulheres têm papel fundamental em algumas áreas, tendo sido a Igreja Católica a instituição a reconhecer isso e confirmar a dignidade feminina, integrando-as a mosteiros, conventos, hospitais, missões e colégios, dando a elas autonomia para autogovernar-se. A Igreja continua a afirmar que o papel da mulher na sociedade não é antagônico à missão de mãe e esposa, desde que tudo esteja ordenado a seu devido fim. Não convém que ela sirva os de fora enquanto os de dentro carecem de atenção e cuidado — não apenas os filhos, também o esposo. A mulher cujos filhos já

> A Igreja continua a afirmar que o papel da mulher na sociedade não é antagônico à missão de mãe e esposa, desde que tudo esteja ordenado. Não convém que ela sirva os de fora enquanto os de dentro carecem de atenção e cuidado.

estão crescidos, por exemplo, pode dedicar-se mais ativamente a serviços paroquiais, missionários, pastorais, dentre outros. Como não fica bem dar o pão dos filhos aos cachorrinhos, como disse Jesus, assim não fica bem negligenciar sua primeira missão com o argumento de partir para salvar outros.

A maternidade é algo espetacular, está na essência da mulher e é, em sua vida, o evento mais transformador. Contudo, um risco que as mulheres correm é o de, com a chegada dos filhos, esquecerem-se de seus maridos, o que gera crises em inúmeros matrimônios. É preciso que todas se lembrem de que o marido já existia antes de o bebê chegar e que, depois de Deus, é o esposo o primeiro em sua vida; o filho é fruto do amor dos dois, e o que ambos devem fazer é ajudá-lo a desenvolver-se. Não há antagonismo entre ser uma boa mãe e ser uma boa esposa, as duas realidades são complementares. O casamento não pode ser posto de lado por causa da chegada dos filhos. Também o ato conjugal precisa ser retomado tão logo tenha passado o resguardo, respeitando, é claro, as condições da esposa, que estará cansada nos primeiros meses. Nesse sentido, como esposa, a mulher deve estudar o marido, dedicar-se a conhecê-lo a ponto de decifrar-lhe os pensamentos e perceber quando ele não está bem, de modo a assegurar a harmonia conjugal. A esposa deve conhecer os gostos do marido: a comida e o perfume preferidos, os lugares a que ele gosta de ir; e interessar-se por suas coisas, perguntar como está o trabalho, como vão os negócios, em

> Depois de Deus, é o esposo o primeiro em sua vida, e o filho é fruto do amor dos dois.

que colocação na tabela está o time para o qual ele torce; tem de saber como ele gosta que ela se arrume e arrumar-se desse modo. Não é raro as mulheres se arrumarem para festas ou para ir trabalhar, mas se esquecerem de que devem fazê-lo sobretudo para o marido, porque é a ele que devem agradar.

Hoje as mulheres são, em maior ou menor grau, influenciadas pela mentalidade feminista, e muitas vezes têm dificuldade para aceitar o plano sublime que Deus lhes reservou. Chamam de empoderamento a submissão a chefes ou patrões, ao mesmo tempo em que acham o cúmulo do absurdo ser as governantes do próprio lar, fazendo os próprios horários, vestindo o que bem entendem e escolhendo o que farão ou não. Os valores se inverteram e é comum perceber mulheres que buscam ser independentes de seus cônjuges e ter sucesso financeiro achando que assim estão cumprindo suas verdadeiras finalidades, pois agora, segundo elas, estão libertas da opressão exercida pela família. Pobres filhas da pós-modernidade, se soubessem quanto poder possui um gesto de amor, uma alfabetização, uma catequese doméstica ou um copo d'água por caridade! Se entendessem a dinâmica divina que exalta o humilde e despede o rico sem nada, certamente voltariam para seus lares, lugar onde imperavam pujantes contra os males do paganismo.

Lamentavelmente, muitas mulheres, passaram a sentir-se mal ao dizer que são "do lar", achando-se inferiores por andar em contramão à modernidade. Obviamente, isso é bobagem; não deveriam sentir-se assim, pois estão vivendo conforme a missão que lhes foi designada.

CAPÍTULO 5

A sexualidade conjugal

O corpo como lugar teológico

Pela união sexual, somos chamados a fazer parte do mistério do Verbo que se faz carne. São João Paulo II vai para águas ainda mais profundas quando diz que somos, como indivíduos, feitos à imagem e semelhança de Deus, mas que por meio da conjugalidade tornamo-nos ainda mais semelhantes a Ele. Essa afirmação é, de certa forma, inovadora; não se tinha tal clareza antes de sua teologia do corpo, ou pelo menos não se colocava ênfase nisso. São João Paulo II foi um filósofo notável e, para chegar a essas verdades, fez o que todo bom filósofo faz: olhou para a realidade das coisas e perguntou: "Por que é assim e não de outra forma?". Meditou acerca da realidade dos corpos, seus aspectos fisiológicos, morais e teológicos, e chegou a conclusões magníficas sobre a união do homem e da mulher, dando a nós clareza a respeito da imensa dignidade que possui a união dos nossos corpos.

"O homem deixará seu pai e sua mãe e se unirá a sua mulher e os dois serão uma só carne" (Gn 2, 24). Assim Cristo deixa a casa do Pai Celeste e a casa de sua Mãe Santíssima para se unir à Igreja e entrega seu corpo a ela pela Eucaristia. "Este é o meu corpo que é entregue por vós" (1Cor 11, 24). Ao comungar esse Santo Corpo, a Igreja entra em comunhão com Cristo. "Quem come a minha carne e bebe o meu sangue permanece em mim e eu nele" (Jo 6, 56).

E vai ficando cada vez mais claro o que é, de fato, a união conjugal. Não se trata apenas de um sinal; é por meio dessa união, e nós somos chamados a participar dela, que Deus revela ser comunhão.

O pecado

Claro que tudo seria perfeito se o homem não tivesse pecado e provocado a própria queda. Mas desde então a natureza humana leva a marca da culpa original, cheia de concupiscência, isto é, de tendência ao pecado. A sexualidade humana sofreu um terrível golpe e passou a ser uma perigosa zona de empuxo, embora não perca a dimensão de seu significado; o homem tende à obscuridade, perde a visão beatífica de Deus, esmaece seu olhar e não consegue mais ver com a clareza de antes. Agora no escuro, entre apalpadelas, busca novamente o amor perfeito que havia perdido no Éden. Sua jornada na Terra se tornou custosa. A virtude que se impunha sobre a carne subjuga-se a ela e nos tornamos escravos da morte.

Contudo, Deus em sua misericórdia não nos abandonou à sorte desse mal, e veio ao nosso encontro, fazendo alianças, mandando profetas e, por fim, fazendo-se um de nós pela Encarnação do Verbo. Por Cristo, com Cristo e em Cristo morremos para o pecado e podemos acessar o paraíso novamente. Apesar disso, continua sendo necessário vencer a tentação que ainda nos assola o tempo todo, pois o mistério da redenção não apagou as conseqüências do pecado original.

> O Senhor mesmo, após criar o homem e a mulher e ordenar-lhes que se reproduzissem, disse que tudo "era muito bom" (Gn 1, 31).

Contudo, a sexualidade humana continua sendo algo muito bom e que faz parte dos planos de Deus para a humanidade. O Senhor mesmo, após criar o homem e a mulher e ordenar-lhes que se reproduzissem, disse que tudo "era muito bom" (Gn 1, 31). Porém, são necessários todos os cuidados possíveis para não perverter essa sexualidade ou transformá-la em ídolo. A sexualidade humana é como um rio caudaloso, tão bela quanto perigosa, porque pode nos dar a terrível sensação de que por ela podemos navegar divertida e despretensiosamente, sem cautela e objetivo claro. Não é assim que as coisas funcionam. Carregamos em nós a marca do pecado, e a luta contra a tentação que nos importuna dia e noite perdurará até o fim dos nossos dias sobre a Terra. A mulher sofrerá tentações próprias de sua natureza, assim como o homem terá que combater sua própria guerra. São combates, muitas vezes, distintos, mas os efeitos da queda, tanto de um quanto do outro, são idênticos: a substituição de Deus por um falso deus. É isto o que o pecado faz em nós.

A tentação do homem é olhar a mulher como um ídolo, adorá-la e não perceber que ela, em sua essência, é um ícone. Do mesmo modo, as mulheres tendem a endeusar-se e querem ser vistas e desejadas. Se a tentação do homem é ver a mulher como um objeto, a da mulher é fazer-se de objeto. O ícone é um sinal que aponta para algo que está além dele mesmo, é um símbolo e, portanto, matriz de significados. Já o ídolo é aquilo que rouba uma glória que não lhe pertence.

O pecado da luxúria, a perversão, a promiscuidade e a depravação são todos ídolos que roubam a glória de Deus, e isso acontece porque não conseguimos compreender a sacralidade da união dos corpos e a teologia que aí existe. Trazemos uma enganadora sensação de que a sexualidade em si é quase uma criação equivocada de Deus, com a participação do diabo. Que percepção asquerosa!

Para perceber o quão sagrado algo é, basta prestar atenção ao que é mais profanado — e poucas coisas são tão explicitamente profanadas quanto a relação conjugal. A investida de Satanás contra a sexualidade humana não é desprovida de sentido: ele sabe que só entendemos o que é o ser humano mediante a prefiguração contida na sexualidade. Essa prefiguração não revela somente o que é o homem, mas também sua sublime vocação: participar da divindade de Deus; e revela também quem Deus é: comunhão de amor.

O treinamento para recuperarmos a visão do plano original de Deus exige de nós uma mudança radical na forma de enxergar o que é o amor. Nunca se falou tanto em amor, mas em contrapartida nunca se soube tão pouco o que é amar. Se fizermos uma pesquisa de campo e perguntarmos às pessoas como elas definem "amor", garanto que a ampla maioria responderá algo relacionado a um "sentimento". O amor seria um sentimento? Essa é uma confusão comum, porque nos programas de TV, nas novelas, nas revistas de fofoca, nas músicas, o "amor" sempre é tratado como sinônimo de sentimento, seja ele de carinho romântico ou prazer venéreo. O amor, porém, não está nas glândulas, mas na vontade; ele é espiritual, no sentido mais profundo do termo, e a incompreensão disso é o motivo de muitas decepções nos casamentos.

> O amor, porém, não está nas glândulas, mas na vontade; ele é espiritual, no sentido mais profundo do termo, e a incompreensão disso é o motivo de muitas decepções nos casamentos.

Se o sexo toma a primazia no relacionamento, este está fadado ao fracasso. Um casal que coloca seu fundamento no "bom desempenho sexual" enfraquecerá, e a separação poderá ser questão de tempo. A paixão, o tesão, a euforia das glândulas duram somente por um tempo — estima-se que no máximo três anos —, e depois é que floresce o amor maduro. O problema é que após esse tempo, muitos casais são incapazes de entender que esse é um processo natural e insistem em usar os parâmetros da paixão, ou seja, os do sentimento, para medir o que eles entendem por amor. Isto está errado. O sexo não pode sobrepor o amor. Ele precisa ser um dos elementos que o constroem, não causa de antagonismo entre os esposos, fruto do egoísmo.

A fecundidade do matrimônio

É necessário termos a visão correta a respeito do amor humano, recuperando o sentido original da sexualidade humana. A moral sexual da Igreja Católica lança luzes sobre a questão quando afirma que a aliança matrimonial é ordenada à geração e educação da prole, conforme o parágrafo 1601 do *Catecismo da Igreja Católica*. Quando a Igreja, considerando a natureza humana e a criação divina, fala dessas duas dimensões, revela o que pode salvar um casamento infeliz. Para que se recobre o sentido da união, não há nada mais eficaz do que mostrar a essência da missão dada por Deus. Assim como uma árvore frutífera cumpre seu fim ao dar frutos, não há nada mais realizador para um casal do que gerar outras vidas e educá-las.

Sabemos que não é fácil gerar e educar os filhos, mas não estamos falando de facilidades e sim de sentido. Só nos realizamos quando cumprimos nosso dever e aceitamos nossa vocação. Sabemos também que alguns casais, por diversos motivos, não conseguem gerar filhos biológicos, o que comumente se torna um drama; contudo, essa maternidade e paternidade podem ser exercidas em diversos âmbitos, como nos ensina a Igreja: mediante a adoção ou por meio do acolhimento espiritual, de conselhos, da caridade etc. A forma de fugir da idolatria sexual é realizando a missão própria de quem é vocacionado ao matrimônio, isto é, gerando e educando filhos para que sejam santos e sábios.

Estamos imersos numa cultura antinatalista e egoísta, onde filhos se tornaram sinônimo de empecilho, e o ato conjugal, de prazer. É cada vez mais comum a mentalidade contraceptiva. Métodos artificiais, inclusive abortivos, como a pílula, o DIU, injeções e adesivos hormonais, dentre outros, são largamente utilizados. Tais recursos possuem, inclusive, componentes com duas ações: a primeira, impedir a ovulação; e a segunda, caso falhe a primeira, impedir que o óvulo já fecundado se fixe na parede intra-uterina, realizando assim um micro-aborto. Aquele óvulo fecundado já é um ser humano e, portanto, possui também suas faculdades espirituais e um anjo da guarda.

No entanto, parece que isso pouco importa para certos católicos modernos, que se afastam dos ensinamentos da Igreja e se julgam inatingíveis pela justiça de Deus. Tentam justificar-se na misericórdia de Deus ao mesmo tempo que ignoram a Sua ordem. O católico honesto, uma vez que conhece a verdade, retrocede de seu mau caminho e se emenda; já ao católico de mentirinha a verdade não importa, e ele quase sempre tem desculpas para justificar sua conivência com o pecado. O católico, quando entra em contato com a verdade, se alegra, por mais difícil que seja vivê-la, pois sabe que somente ela pode libertá-lo. Não escolhe um atalho, mas opta pelo caminho correto. A reta intenção moral e intelectual faz toda a diferença e distingue o honesto do insincero. São Paulo diz para cingirmos a cintura com a verdade (Ef 6, 14). Biblicamente, a cintura abrange os órgãos sexuais. Apenas a verdade do ensinamento divino protegerá a sacralidade da nossa sexualidade: não precisamos e nem devemos envolver nossos órgãos sexuais com látex ou hormônios.

São João Paulo II, em sua teologia do corpo, recorda-nos aquilo que a doutrina católica sempre ensinou: as características do amor matrimonial precisam ser as mesmas do amor de Cristo na cruz: *livre*, *total*, *fiel* e *fecundo*. O aspecto da fecundidade é tão importante que o sacramento do matrimônio deve ser negado, por exemplo, a um casal que se feche à possibilidade da procriação. Mesmo que haja a realização da cerimônia, o sacramento terá sido nulo. No rito do matrimônio, os noivos fazem a Deus uma promessa, respondendo à pergunta do sacerdote ou diácono: "Estais dispostos a receber amorosamente os filhos como dom de Deus e a educá-los segundo a lei de Cristo e da sua Igreja?". Se o casal responde "sim" e depois decide não ter filhos, quebra a promessa. Ninguém é obrigado pela Igreja a buscar o sacramento do matrimônio; isso é decisão do casal. É lamentável que tantos noivos se preocupem tão-somente com a pompa de suas cerimônias. Casam-se e fazem promessas a Deus, mas ainda na lua-de-mel começam a fazer uso de contraceptivos, quebrando o voto que fizeram no altar.

Infelizmente, o antinatalismo invadiu também as cabeças de muitos fiéis católicos, que hoje, crendo estar na graça de Deus, fazem uso de métodos naturais para espaçar o máximo possível uma gravidez da outra, sem ter, para tanto, motivos realmente plausíveis. O método Billings, também chamado de método natural, foi desenvolvido primeiramente para, ao contrário do que se possa pensar, ajudar as esposas a engravidarem, detectando-lhes os períodos de infertilidade e fertilidade. O Dr. Billings era, ele mesmo, receptivo à vida e tinha seis filhos. Seu método pode ser usado a fim de se espaçar a gravidez, mas apenas quando os motivos para isso são justos. Fechar-se à possibilidade de ter filhos é, também, fechar-se às bênçãos de Deus.

> Fechar-se à possibilidade de ter filhos é, também, fechar-se às bênçãos de Deus.

A mente pós-moderna é a do hedonismo, da busca pelo prazer. Perdeu-se o sentido da vida humana. Em nenhuma outra época houve tanto acesso a facilidades tecnológicas, as quais, hoje, facilitam também o acesso à pornografia e à prostituição, fomentando a luxúria. Também nunca se teve um número tão elevado de suicídios entre jovens e crianças. As pessoas dominaram as técnicas, mas se distanciaram dos mistérios do próprio coração e, por conseqüência, do coração do outro. Quando o outro passa a ser apenas um objeto descartável, que se usa e depois se joga fora, a insensibilidade cresce e o sujeito deixa de reconhecer a si mesmo. Como é triste ver tantos casais caindo nessa arapuca armada pelo diabo, deixando que o casamento se transforme em um verdadeiro inferno. Se o sexo não aponta para o céu, apontará para o inferno; se não é sinal de vida, será de morte e causará dor. A tristeza é conseqüência dos desvios de finalidade. Basta recordar a parábola do filho pródigo que, quando volta a si e reflete, percebe a condição em que se encontrava, em meio a porcos desejando lavagem, enquanto possuía a dignidade de filho.

Esse "voltar a si" nos mostra a necessidade de nunca nos afastarmos da nossa essência dignificante de filhos de Deus. Aí reside um mistério fabuloso e ao mesmo tempo perigosíssimo, porque, como diz o ditado, quanto mais alto, maior o tombo. Quanto maior for a sacralidade, maior será a profanação. As melhores coisas tornam-se as piores quando se corrompem. Nossa dignidade também revela nossa fragilidade. O diamante Cullinan, a maior pedra de diamante já encontrada no mundo, pesando 621 gramas, é também uma peça delicada, e esse fator contribui para sua preciosidade. Uma taça de cristal é muito mais frágil que uma caneca de alumínio, e isso faz dela um objeto mais nobre.

Essa nossa fragilidade e insuficiência são justamente o que nos faz buscar a união com outros seres, e, em vez de nos diminuir, reforçam a dignidade da condição humana, pois são a reafirmação da vocação à comunhão. Desejamos nos unir a outro para compensar nossas imperfeições. O desejo permanente de comunhão revela, assim, o vazio infinito que existe em nossa alma. Quando buscamos a união sexual, buscamos o perpétuo, o duradouro, aquilo de que nossa alma sente falta. Quando pecamos, também buscamos algum tipo de alívio à sensação de vazio infinito que aflige nossas almas. A perversão sexual, por sua vez, é uma verdadeira idolatria: a esperança depositada nos instintos.

Casais que não percebem isso tendem a buscar a compensação em coisas geralmente ilegítimas. Aqui entra o perigo da infidelidade

---

O sexo jamais será suficiente para satisfazer o real desejo de comunhão que existe no ser humano. Deus é o único capaz de satisfazer-nos plenamente.

conjugal, mas também o das compras excessivas e desnecessárias, das viagens intermináveis, dos vícios em geral. A busca por sexo jamais será suficiente para satisfazer o real desejo de comunhão que existe no ser humano. A fonte está fora de nós. A conseqüência de não voltar a si é, necessariamente, a tristeza.

Voltar a si, como fez o filho pródigo, é olhar para a própria realidade. Olhar honestamente para nosso próprio comportamento e ter clareza quanto às mentiras e incoerências que ali se encontram é tarefa valorosíssima. É claro que ninguém se sente confortável analisando os próprios defeitos: repare como a confissão sacramental é sempre uma humilhação, mas uma bendita humilhação. Ela nos faz filhos pródigos conscientes e purifica-nos da arrogância. Voltar a si não é uma tarefa fácil, mas sempre liberta.

É quando entendemos que nenhuma união pode saciar-nos o desejo de comunhão que deixamos de divinizar o outro, de esperar sua perfeição. Deus é o único capaz de satisfazer-nos plenamente, e isto acontecerá não neste vale de lágrimas, mas na glória da eternidade.

Sexualidade restaurada

Já reparou que as pessoas dão explicações esfarrapadas para o fracasso no amor? E que o amor verdadeiro não precisa de explicações? A verdade se impõe, enquanto a mentira precisa se justificar. Alguns casais até amadurecem e descobrem que o ato sexual em si não é o mais importante, mas a afinidade do casal, porém não conseguem avançar à dimensão sacrificial. O sacrifício é característica do relacionamento maduro.

No casamento que se desfaz porque acabou a paixão nunca houve amor, apenas o desejo de ser amado.

Há dois extremos igualmente perigosos para o casal: o angelismo e o materialismo sexual.

O primeiro consiste na visão maniqueísta[1] da sexualidade, julgando-a má e impura em si. O materialismo sexual é o oposto, com uma visão auto-referencialista da sexualidade: não tem qualquer objetivo além do prazer venéreo, valoriza apenas as sensações. O angelismo é mais comum entre as mulheres e pode ser fruto de escrúpulos, de traumas provenientes de abusos, referências masculinas negativas etc. Diz o Pe. Charbonneau, numa afirmação célebre: "A mulher que quer passar por anjo, não raramente conduz o marido a passar por demônio. A falsa virtude da esposa acarreta o verdadeiro vício do marido". Prosseguindo, ele diz: "Para os atos mais espirituais, o corpo é necessário; foi criado para o espírito e existe apenas para servi-lo". Tanto o angelismo quanto o materialismo sexual trazem graves riscos ao matrimônio — enquanto o primeiro rebaixa ao inferno a dimensão corpórea, o segundo a diviniza.

> Tanto o angelismo quanto o materialismo sexual trazem graves riscos ao matrimônio — enquanto o primeiro rebaixa ao inferno a dimensão corpórea, o segundo a diviniza.

Para o homem não há outro caminho senão o de buscar levar uma vida coerente; a incoerência é um veneno cujo efeito é entristecer e baixar os níveis de

---

[1] O maniqueísmo foi uma heresia sincrética que afirmava que a matéria seria intrinsecamente má — NE.

moralidade. Surge o relativismo: para não sofrerem tanto, as pessoas tentam adaptar suas consciências a suas vidas incoerentes. É como tentar se livrar da enchente que se aproxima da casa fechando-se no quarto e apagando a luz. Nem sempre é fácil encarar os problemas, sobretudo para o homem, que tende mais freqüentemente a fugir deles. Tal característica acompanha os homens desde o Éden. Quando a Sagrada Escritura, em Gênesis 3, narra o pecado original, não diz que Eva estava sozinha ao ser tentada pela serpente; pelo contrário, a Bíblia revela que ela comeu do fruto proibido e de imediato apresentou-o a seu marido. Decerto Adão estava ao lado de Eva, omisso. E é essa tendência à omissão uma das coisas que os maridos precisam mudar nas próprias condutas.

Retomemos o verdadeiro sentido da sexualidade: doar-se ao outro. Se faço meu cônjuge feliz, faço um bem a mim mesmo, afinal somos uma só carne. Portanto, o marido deve esforçar-se para ter paciência com a esposa, dedicar-se a conhecê-la, tratá-la com delicadeza e ser-lhe generoso; a esposa deve ser caridosa e igualmente generosa com o marido, entendendo que ele necessita de atos conjugais com mais freqüência do que ela.

> Retomemos o verdadeiro sentido da sexualidade: doar-se ao outro.

Muita gente tem dúvidas quanto ao que é permitido ou não na realização do ato conjugal, temendo infringir normas e cair em condutas imorais. A Igreja nunca apresentou uma lista com proibições nesse sentido, mas a moral católica dispõe algumas regras gerais que, se observadas sensatamente, dão-nos indicadores do que pode ser feito na intimidade do casal. Ninguém vai encontrar um documento do Magistério da Igreja tratando especificamente do sadomasoquismo; mas, sabendo que a doutrina católica exorta à castidade, daí se entende que qualquer espécie de sadismo é inequivocamente imoral. No mundo moderno, as novidades surgem em ritmo alucinante, e novas técnicas para extrair mais prazer sexual da genitalidade são inventadas o tempo todo. A Igreja em sua doutrina, porém, nos ensina os princípios da sexualidade humana, da castidade, da pureza sexual, e ajuda-nos a discernir o que é correto, bom e lícito. Ademais, podemos usar nossas consciências para distinguir o bem e o mal.

Tudo quanto Deus faz é perfeito, ideal para nossa felicidade. Se um casal não consegue chegar ao prazer pelas vias naturais, isto significa que algo está desajustado (traumas, medos, promiscuidade passada ou presente, desarmonia ou até mesmo problemas fisiológicos). Esse desajuste é apenas fumaça de um fogo que precisa ser encontrado e apagado. É ilusório pensar que usar certas invenções no ato conjugal ajustará a relação do casal. Isso até pode causar prazer carnal momentâneo e intenso, devido à novidade das práticas, mas em pouco tempo o casal se desgastará e estará diante da tentação de recorrer a coisas ainda mais estranhas e perversas. É preciso acender um sinal vermelho também para um certo puritanismo, que não admite algumas carícias lícitas. O casal possui, sim, certa liberdade para encontrar satisfação sexual, contudo os princípios da castidade sempre devem ser respeitados.

Amadurecer na consciência é fruto da vida de piedade e de estudo. É fruto de busca constante pela Verdade. É certo dizer que o ser humano vive numa constante angústia, e que é essa angústia o que o faz buscar a Deus. A natureza humana foi feita para as coisas elevadas, destinada à comunhão com Deus. O ser humano também quer, igualmente, encontrar sentido nas coisas, na vida, em cada ato realizado ou recebido, e encontra vigor naquilo que de alguma forma tem coerência no contexto de sua própria vida. Um profissional que detesta o que faz só persiste no trabalho se encontra uma motivação válida para isso, ainda que seja apenas o salário ao final do mês e nada mais. Também a alma humana tem necessidade de ser inteira; a contradição e a dicotomia deixam o coração humano perturbado. Sabemos o que é certo e bom para nós, mas a falta de disciplina nos paralisa. Isso explica um dos motivos da alegria e da paz sentidas pelos religiosos que vivem bem o voto de pobreza. A simplicidade acalma os ânimos e coloca o foco no que importa. A vida de santidade é a integração da teoria com a prática, fazendo cair por terra toda contradição dos nossos atos que divida nosso coração. O pecado ilude e vende sensações que são confundidas com felicidade. O Venerável Fulton Sheen dizia: "A infidelidade (conjugal) é uma sucessão de experiências finitas na tentativa de substituir o desejo infinito". A conseqüência será, inevitavelmente, a frustração.

Fazer do ato conjugal um sinal de vida e de céu, ao contrário do que muitos pensam, não é tarefa complicada, mas demanda um esforço da vontade.

> Fazer do ato conjugal um sinal de vida e de céu não é tarefa complicada, mas demanda um esforço da vontade. O mistério escondido de Deus é revelado por meio do nosso corpo, na nossa fecundidade.

É nela que reside o amor, não nas emoções, como a cultura sensualizada quer que acreditemos. Não há como separar a entrega do corpo da entrega da alma, e isto reflete o quão sublime é uma vida sexual sadia. O mistério escondido de Deus é revelado por meio do nosso corpo, na nossa fecundidade. É incrivelmente satisfatório saber que em nossa sexualidade não somos como os animais, apesar de muitos viverem como se o fossem. O bicho é plenamente realizado em sua "bichice" — a cópula do cachorro com a cadela não implica qualquer compromisso; o ser humano, quer tenha consciência disto ou não, ficaria insatisfeito com uma tal coisa. O ser humano entrega o corpo, mas quer também a alma. A atração animal é fisiológica; a humana é fisiológica, psicológica e espiritual. A alma humana tem sede de perenidade, sentido e inteireza. O finito não a satisfaz, ela quer continuidade, quer eternidade — quer Deus.

CAPÍTULO 6

A educação dos filhos

A educação consiste essencialmente na formação do homem para o que ele deve ser nesta vida terrena, de modo a alcançar o fim sublime a que foi criado. A verdadeira educação é aquela ordenada para o fim último do homem. Na ordem atual da Providência, isto é, depois que Deus se nos revelou no Seu Filho Unigênito que é o único "caminho, verdade e vida", não há educação adequada senão a cristã.

O fim próprio e imediato da educação cristã é cooperar com a graça divina na formação do verdadeiro e perfeito cristão, isto é, formar o mesmo Cristo nos regenerados pelo batismo, segundo a viva expressão do Apóstolo: "Meus filhinhos, a quem eu trago no meu coração até que seja formado em vós Cristo" (Gl 4, 19). O verdadeiro cristão deve viver a vida sobrenatural em Cristo: "Cristo que é a vossa vida", e manifestá-la em todas as suas ações: "A fim de que também a vida de Jesus se manifeste na vossa carne mortal" (2Cor 4, 11).

Somos, sim, seres fragmentados, mas isso não determina a derrota na educação dos nossos filhos. O importante é que tenhamos a perfeição como norte e que não percamos a referência. Se não nos reconhecemos como pais exemplares, é porque ainda temos a noção de que existe, sim, um ponto de referência pelo qual nos orientar. Sabemos o que é certo e errado, de certa forma instintivamente, e isso está impresso em nós. A lei natural é uma marca da Criação de Deus em nossa natureza; é a voz do Espírito Santo. Olhando para os exemplos de santidade — e Jesus Cristo é o primeiro — devemos buscar imitar o que conhecemos como o mais elevado modelo de Bem.

A educação dos filhos não é apenas mais uma em meio a tantas tarefas do casal. A Igreja a apresenta como sendo um dos motivos pelos quais o matrimônio é realizado. Assim diz o Catecismo da Igreja, no parágrafo 1601, citando o cânon 1055: "O pacto matrimonial, pelo qual o homem e a mulher constituem entre si a comunhão íntima de toda a vida, ordenado por sua índole natural ao bem dos cônjuges e à procriação e educação da prole, entre os batizados foi elevado por Cristo Senhor à dignidade de sacramento".

A formação espiritual dos filhos

"Primeiro o homem, depois o santo", disse Santo Inácio de Loyola. Nisto, ele resumiu muito bem a base da santidade. Não há vida espiritual sem as virtudes humanas, e a virtude é a prática constante do bem. O Catecismo da Igreja Católica (CIC), no seu parágrafo 1804, define de forma precisa o que são as virtudes: "As virtudes humanas são atitudes firmes, disposições estáveis, perfeições habituais da inteligência e da vontade que regulam nossos atos, ordenando nossas paixões e guiando-nos segundo a razão e a fé".

Quando se fala em formação espiritual dos filhos, deve-se falar também, por tabela, de formação humana. É em uma vida regrada e ordenada que a graça encontra terra fértil para produzir seus frutos. Não há mágicas espiritualizantes ou atalhos privilegiados. Todo santo teve de percorrer um caminho de profundo amadurecimento humano para ter condições de ser e de cumprir o que Deus esperava dele.

Os pais são os que primeiro devem ocupar-se com a evangelização dos seus filhos, e por "evangelização" não queremos dizer apenas a catequese, porque evangelizar é formar integralmente uma pessoa. Muito nos entristece quando nos deparamos com irmãos de fé que não conseguem enxergar a própria vocação. Acreditam piamente que, se deixarem seus filhos pequenos com os avós, com a babá ou em qualquer outro lugar para que possam se dedicar quase integralmente a algum serviço espiritual, agradarão a Deus. E nisso vemos uma atitude prepotente; acham que Deus precisa de seus serviços, agem como se lhes tivesse sido dada uma missão, como se tivessem obrigação de ajudar toda a humanidade a se salvar... e, no entanto, esquecem-se da própria família. Convencem-se de que algo extraordinário acontecerá a seus próprios filhos; pensam que eles, inevitavelmente, serão virtuosos. Entretanto, a tarefa de formá-los na virtude é confiada primeira e insubstituivelmente aos pais, que receberam essa missão.

Há muitas idéias equivocadas a respeito da educação de nossos filhos para as virtudes. Pensam que é um esforço meramente intelectual ou espiritual, e desprezam o treinamento físico. Porém, nós não temos um corpo, nós somos um corpo. Na prática: permitindo que seu filho faça artes marciais, por exemplo, ele aprenderá o que é esforço, domínio corporal e disciplina — essenciais para uma vida virtuosa, sem a qual é impossível chegar à santidade. Uma vez assimilados esses fundamentos, você poderá fazê-los compreender que todo esforço unicamente humano é insuficiente para que agrademos a Deus. Foi por isso que o Pai se comunicou com a raça humana, primeiramente enviando profetas e, por fim, o Seu próprio Filho. A graça vem em auxílio à miséria humana, por iniciativa do amor de Deus — isto é um mistério grandioso.

Se a graça de Deus é essencial, o sacramento do batismo é a primeira coisa que devemos dar aos nossos filhos. O batismo faz com que eles deixem a condição de meras criaturas e os transforma em filhos de Deus; torna-os templos do Espírito Santo, membros do Corpo Místico de Cristo, que é a Igreja. Uma família católica deve batizar seu filho o quanto antes, pois é por esse sacramento que ele é introduzido na vida da graça; e se, por desventura, sair desse mundo ainda antes de chegar à idade da razão, estará destinado, sem dúvida, ao Céu.

A instrução espiritual dada aos nossos filhos deve ser a primeira coisa com a qual devemos nos ocupar.

Se Deus existe — e sabemos que sim —, toda educação tem como fim imitá-Lo. Como? Imitando a vida de Nosso Senhor Jesus Cristo, o modelo de homem perfeito. A encíclica *Divini Illius Magistri* diz que "o fim próprio e imediato da educação cristã é cooperar com a graça divina na formação do verdadeiro e perfeito cristão, isto é, formar o mesmo Cristo nos regenerados pelo batismo".

A educação religiosa merece a primazia entre todas as outras instruções, pois trata de valores perenes, supremos, inegociáveis e insubstituíveis. Existe a tentação de achar que a instrução religiosa é somente mais uma matéria no processo formativo dos filhos e, por esse motivo, alguns pais não exigem dos filhos profundidade nas questões relativas à fé, contentando-se com pouco. Por mais que esses pais externalizem a grande estima que têm pela religião, na prática afligem-se muito mais se o filho estiver com dificuldades em matemática do que se não souber o que é um sacramento.

> A educação religiosa merece a primazia entre todas as outras instruções, pois trata de valores perenes, supremos, inegociáveis e insubstituíveis.

O Abade René Bethléem, em seu livro *Catecismo da educação*, cita Pichenot, que escreve:

De que valem as ciências das línguas
àquele cuja boca se fechará em breve
e que a morte vai reduzir ao silêncio?
De que vale no outro mundo a geografia deste?
De que valem os escritos, a música, a pintura,

> *às mãos que em breve se mirrarão*
> *e que amanhã estarão envoltas num sudário?*
> *O conhecimento da história do tempo*
> *para aquele que deve entrar na eternidade?*

Distinguir o importante do que é essencial exige atenção. Ou seja, saber ordenar todas as coisas, como nos ensina Santo Tomás de Aquino a respeito do ofício do sábio.

O fascínio por Deus

A instrução religiosa deve ser dada desde a mais tenra idade. Devemos dar às crianças ensinamentos a respeito de Deus a partir do momento em que elas já conseguem entender as palavras e os gestos. A pergunta, então, deve ser: como transmitir as verdades da fé? Com clareza, paciência e amor, levando nossos filhos a uma profunda experiência com Deus, mostrando-lhes, antes de tudo, que Ele as ama.

É o amor de Deus, que tanto nos fascina, que primeiro revela quem Ele é. *Deus é amor*, diz São João no capítulo oitavo de sua primeira carta, e é preciso partir daí. As parábolas que revelam esse amor são instrumentos muito úteis para que nossos filhos entendam quem é esse Deus maravilhoso de que falamos. A parábola do bom pastor, do filho pródigo, as inúmeras passagens bíblicas que relatam as curas que Jesus realizou, a criação do mundo etc., todas podem levar nossos filhos a um fascinante encontro com Deus.

Uma catequese apenas a nível intelectual não é nosso objetivo, pois queremos que nossos filhos desenvolvam uma profunda intimidade com Deus. É esse encontro pessoal e único que fará com que eles perseverem na fé e resistam bravamente nos tempos de tribulação. Esse encontro com Deus precede toda a vida de virtudes. Ao falar dessa experiência, obviamente não a reduzimos ao nível sensitivo, mas é importante que nossos filhos se sintam amados.

> Uma catequese apenas a nível intelectual não é nosso objetivo, pois queremos que nossos filhos desenvolvam uma profunda intimidade com Deus. É esse encontro pessoal e único que fará com que perseverem na fé.

Em nossos tempos, as emoções têm ênfase. Há, por toda parte, um verdadeiro frenesi sentimentalista, o que é péssimo para a fé madura. Isto quer dizer que o sentimento não serve para essa experiência pessoal com Deus? De forma alguma. Desafio os discordantes a provar que a maioria das nossas boas decisões não recebem influência dos sentimentos. O sentimento é bom, pois tudo o que Deus faz é bom. O sentimento é parte fundamental da personalidade humana e deve ser direcionado ao bem. Não há problema algum em fazer com que nossos filhos se sintam amados por Deus e que eles se emocionem com isso. Emocionamo-nos com tantas coisas... Ao encontrar aqueles que não víamos há muito tempo, ao recebermos um presente surpreendente, ao vermos um filho falar "mamãe" ou "papai"; também nos emocionamos com o luto de alguém querido, com as decepções e desilusões, dentre tantas coisas. Diante de Deus, nossos filhos precisam se emocionar, porque neste mundo não há nada mais impressionante do que o amor de um Deus que se encarna, vive entre nós, morre numa cruz por amor e abre-nos o Céu. É nossa tarefa fazer com que nossos filhos comecem a compreender a grandiosidade disso; assim eles cultivarão mais facilmente uma vida de oração e tomarão melhores decisões.

A intimidade com esse Deus, que agora não é mais desconhecido, faz com que nossos filhos queiram saber mais sobre Ele, principalmente sobre o que Ele quer que eles façam. Quem ama quer fazer a vontade do amado, pois se convenceu de que essa vontade é boa. Não se esqueça de que o entusiasmo do comunicador também é parte da mensagem.

Ao longo do crescimento dos nossos filhos, devemos aprofundar as práticas de piedade, bem como a instrução catequética. Devemos ensinar nossos filhos a rezar o santo terço — e rezá-lo com eles —, a participar dos sacramentos da Igreja — como a confissão, a comunhão, a crisma —, além de introduzi-los na prática da leitura bíblica e no jejum, que são matérias indispensáveis. A leitura espiritual é considerada uma forma de oração. Pelo contato com a vida dos santos, por exemplo, aprende-se como é, na prática, uma vida virtuosa.

O leitor pode argumentar que hoje em dia seria muito difícil para uma criança ter interesse por esse tipo de coisa. De fato, é muito difícil uma criança habituada aos eletrônicos e a tantas distrações da vida moderna interessar-se pela vida dos santos, pelas práticas de piedade, por livros. Como dissemos, precisaremos escolher nossas prioridades, romper a barreira do comodismo e, em muitos casos, a da vergonha.

A disciplina e o afeto

Disciplinar os filhos talvez seja uma das tarefas mais complexas que existem, porque o que fazemos na educação de um dos filhos possivelmente não funcionará com os outros. Os que temos mais de um filho já vivemos a frustrante experiência de tentar aplicar o mesmo método na educação de dois, esperando resultados iguais. É natural que não dê certo, pois nossos filhos têm temperamentos diferentes, entendem linguagens de amor diferentes e possuem personalidades diferentes.

O que precisamos fazer é encontrar uma forma de educar que seja eficaz, que seja nossa base, mas sem perder a sensibilidade para compreender e considerar a individualidade de cada filho. Algumas coisas são bastante gerais no processo de educação, outras são particulares. As gerais são as mais importantes, pois são as bases que não podem faltar, enquanto as particulares são os meios que podem mudar de acordo com as necessidades de cada filho. Um filho colérico, por exemplo, sentirá a necessidade de explicações, argumentos mais racionais acerca dos motivos de determinado castigo. Não se deve dizer a este filho "é assim porque estou mandando e pronto, acabou" — ele não aprenderá a lição.

Na base da boa educação, deve haver firmeza combinada com carinho: o equilíbrio entre a disciplina e o afeto. Se os pais são excessivamente firmes, corre-se o risco de o autoritarismo engessar a educação, o que geraria um efeito negativo. Da mesma forma, o carinho exagerado pode fazer perder o efeito da disciplina; pais muito moles, que não são capazes de firmar a voz com o "filhinho", apenas lhe prejudicam a formação. É inegável que atualmente presenciamos uma crise na autoridade dos pais nas famílias: ou eles são molengas demais, permissivos e compensadores (a tentativa de suprir com presentes a ausência pode se encaixar aqui), ou são demasiadamente autoritários e querem impor suas vontades a todo custo, destruindo, assim, as possibilidades de se construir um ambiente de obediência e verdadeira reverência.

Os filhos vêem nos pais seus modelos de conduta. Quando se machucam, imediatamente olham para os pais, porque é a reação destes que revelará a gravidade do ocorrido. Sabendo disso, nós, pais, temos uma grande responsabilidade: a de sermos seguros, para que essa segurança seja passada aos nossos filhos. Os inseguros não conseguem disfarçar a insegurança, e os filhos não só a perceberão como tenderão a comportar-se da mesma maneira.

Pais que desde cedo não sabem impor limites aos filhos logo perceberão que dificilmente a sociedade conseguirá fazer o que eles não fizeram. É na primeira fase da vida da criança que os transtornos da juventude são evitados. Crianças precisam de afeto e de orientações claras. Pais seguros, por outro lado, sabem aonde querem

> Pais seguros sabem aonde querem chegar com a educação de seus filhos. Sabem corrigir a rota, caso seja necessário fazer algum desvio. Conhecem os filhos e os amam profundamente, e por esse motivo não temem dizer-lhes *não*.

chegar com a educação de seus filhos. Sabem corrigir a rota, caso seja necessário fazer algum desvio. Além disso, conhecem os filhos e os amam profundamente, e por esse motivo não temem dizer-lhes *não*. Esses pais seguros dão ordens claras e objetivas e não se deixam engambelar pela lábia das crianças, o que não significa que são inflexíveis (por motivos justos, as ordens podem ser mudadas). Demonstram, por gestos e palavras, semblante e atitudes, o quanto a transgressão foi grave e deixam claro o que esperam do filho; pedem desculpas quando percebem ter errado, dando, nisso, uma lição de humildade e perdão. Suas correções são justas e adequadas, e eles não adotam abordagens psicológicas, do tipo que "resolve tudo na conversa". Pais seguros de si, enfim, antecipam os erros e prevêem quais punições podem ou não ser dadas a determinadas transgressões.

Por exemplo: o filho, sabendo que não pode jogar bola dentro de casa, desobedece e quebra uma jarra de vidro. O pai conversará seriamente com esse filho, dizendo esperar que isso não se repita, que a atitude foi errada e que, para reparar o erro, o menino terá de juntar os cacos e tirar dinheiro do próprio cofrinho para comprar outra jarra. Os castigos sempre devem ter relação com a infração da criança, que, dessa forma, associará o erro à punição. Os filhos precisam saber que os atos têm conseqüências. Esta é uma premissa fundamental, na qual não cabe improviso por parte dos pais. É sua obrigação comunicar com clareza as possíveis conseqüências de determinada falta e aplicá-las quando necessário, pois do contrário sairão desmoralizados e desacreditados, não cumprindo suas determinações.

As ordens precisam ser claras e firmes, nunca em formato de perguntas ou de súplicas do tipo:

"Aninha, quantas vezes já não mandei você guardar os brinquedos?"; "João Pedro, vá dormir, por favor, porque eu estou muito cansada". Os filhos não nos fazem favor algum ao cumprir suas obrigações, nem decoram quantas vezes recebem ordens. A correção não deve ser acompanhada de insegurança nem de agressividade, mas de firmeza e autocontrole. Quanto mais a correção for acompanhada de agressividade e gritaria, mais demonstraremos dificuldade no exercício da autoridade. Ao dar uma ordem, é importante fazê-lo com voz calma e firme, olhando nos olhos da criança, pois o contato visual reflete afeto e segurança, e isso faz com que a criança obedeça mais prontamente.

Cuidado com o exagero dos "nãos". Muitos pais acabam adotando um excesso de regras que tolhem a criança, tirando sua espontaneidade e alegria. A neurose de querer ter uma casa sempre perfeitamente arrumada pode acabar com a liberdade das crianças. As regras devem existir para educar, não para engessar. A casa deve ter regras, mas deve ser também um ambiente em que seja possível crescer em liberdade, autonomia e confiança. Para isso, é preciso valorizar os filhos, sempre lembrando dos elogios, que têm um papel importantíssimo e fazem com que as crianças se sintam amadas. Esses elogios têm de ser sinceros e por motivos válidos. Se o filho vem mostrar um desenho bem feito, diga que ficou bom; se há pontos a melhorar, diga a verdade, mas com doçura e reforçando que você acredita na capacidade

> A casa deve ter regras, mas deve ser também um ambiente em que seja possível crescer em liberdade, autonomia e confiança.

da criança. Além disso, é essencial reconhecer o bom comportamento dos filhos; ordens acatadas com prontidão, erros corrigidos, tarefas bem feitas, o sacrifício de comer aquilo de que não gostam... devemos valorizar seus esforços para que se sintam motivados a agir corretamente.

CAPÍTULO 7

Os quatro hábitos básicos no cuidado dos filhos

Quatro aspectos precisam ser previamente satisfeitos para que a árdua tarefa de educar os filhos seja bem-sucedida. São eles: *sono, alimentação, higiene* e *ordem*. A rotina nesses pontos é, sem dúvida, um desafio para a maioria das famílias, e a disciplina precisa ser a dobradiça que faz com que esses quatro aspectos girem ao redor de seu eixo.

Temos experiência de mais de vinte anos de vida missionária, viajando Brasil afora e pregando em diversos encontros, retiros e formações. Durante essas duas décadas aconselhando casais, escutando incontáveis histórias, ficamos impressionados ao notar com que freqüência a mera indisciplina pode desencadear outros problemas: pais que não têm horários fixos para nada e não impõem regras aos filhos; pais que não se preocupam se o filho escovou os dentes ou tomou banho; pais indisciplinados, que não se preocupam com a qualidade da comida que estão dando aos filhos e que não se esforçam para manter a casa em ordem; pais que permitem aos filhos pequenos determinar o horário em que irão para a cama, provocando um verdadeiro caos na família; crianças de dois anos viciadas em celular; filhos de cinco anos que agridem fisicamente a própria mãe quando ela não satisfaz suas vontades. Em muitas famílias, a TV passou a ser o centro das atenções, e seus membros já não se sentam à mesa para fazer as refeições juntos. Isso tudo tem uma conseqüência gravíssima: o enfraquecimento da família.

A família fraca perde o vínculo. O amor se enfraquece porque a convivência é superficial. Ninguém mais ali tem tempo para gastar com o outro. Infelizmente, é comum encontrar pais que terceirizaram até mesmo o afeto aos filhos, que muitas vezes passam a chamar a babá de "mamãe". Muitos pais colocam o filho pequeno às 7h na escolinha de tempo integral, para só o reencontrar às 18h, quando todos já estão cansados, depois de um dia cheio de atividades. Que energia sobrou para gastarem em família? O tempo vai passando, vai passando... e de repente, um dia, os pais acordam de manhã e se dão conta de que perderam grande parte da vida do filho. O tempo é um bem preciosíssimo que, tal como um rio, corre para o mar — e uma vez desaguado, não existe mais. Não há como recuperar o tempo perdido e só o presente nos pertence, e é com ele que temos de trabalhar. Quando os filhos já estão grandinhos, o processo é um pouco mais difícil, mas é claro que esse não é o fim da linha e Deus sempre tem

> A família fraca perde o vínculo. O amor se enfraquece porque a convivência é superficial: ninguém mais ali tem tempo para gastar com o outro.

um jeito de salvar nossa casa. Por meio das ciências que estudam o comportamento humano, sabemos que até os sete anos de idade se dá a consolidação do caráter. Com a graça de Deus e nosso esforço, podemos conseguir excelentes resultados.

Sendo melhor prevenir do que remediar, tratar dos quatro hábitos básicos na educação dos filhos em sua primeira infância é essencial. Já vimos muitas mães reclamando que seus filhos são birrentos, chorões, que não comem bem, não dormem bem e que dão muito trabalho. Em muitos casos, o que pode estar acontecendo é, na verdade, uma falha na aplicação e na vivência desses quatro aspectos.

No capítulo anterior, falamos da importância da disciplina e do afeto, e que a criança se sentirá amada pelo cuidado que temos para com ela. Apesar de a criança não ter condições de elaborar muitas coisas em seu intelecto e nem em seu emocional, não entendendo ainda os sentimentos, ela percebe que é querida e amada nos momentos em que é cuidada, vestida com roupas limpas, alimentada e quando encontra ordem no ambiente que a cerca. A rotina, com o estabelecimento de horários, é importante para a boa educação.

Sono

Muitas vezes nossos filhos ficam embirrados; jogam-se no chão e parece que só querem nos irritar. Isso acontece, porém, porque talvez estejam cansados e, por serem ainda imaturos, não conseguirem se expressar. Então nos irritamos com a gritaria porque não identificamos o problema, e colocamos a criança de castigo ou lhe damos um tapa; na verdade, o que ela precisava era simplesmente descansar e dormir num ambiente favorável.

Em muitos lares, não há uma rotina de sono. As crianças dormem no mesmo horário em que os pais, vêem TV até tarde junto com eles, dormem em sua cama ou precisam que a mãe durma com elas. Tudo isso é muito ruim para a própria criança e para a família; e por isso é preciso pôr ordem também no sono. Crianças precisam dormir mais que os adultos, pois é durante o sono que a memória, o corpo e o seu organismo de modo geral se desenvolvem.

A rotina do sono pode começar a ser instaurada por volta dos quatro meses de vida da criança, criando-se pequenos hábitos, como um ritual, para sinalizar a hora de dormir: jantar, tomar banho, colocar o pijama, escovar os dentes, ir para a cama e dormir. Repetir isso inúmeras vezes cria para a criança uma rotina, que, por sua vez, traz tranqüilidade. A criança gosta de previsibilidade.

Também é importante ensinar a criança a dormir sozinha, levá-la para o quarto, fazer com ela uma oração, dar-lhe a bênção e despedir-se; se ela chamar, volte e veja o que há. Ela poderá continuar chamando, mas seja firme e recoloque-a na cama. É importante que a criança tenha seu quarto e que os pais também tenham sua privacidade. Outro ponto importante é que é preciso evitar os eletrônicos, principalmente nos períodos que antecedem o horário de dormir. Eles retardam a chegada do sono, porque a luminosidade das telas, as imagens e as cores agitam a criança. Também doces, cafés e chocolates devem ser evitados.

O quarto da criança tem de ser agradável, livre da presença de objetos que chamem muita atenção. Os brinquedos devem ser guardados em caixas, de forma a evitar estímulos visuais. Se for preciso, deixe acesa uma pequena luminária de luz amarela — nunca azulada, é importante frisar — ou a porta entreaberta, permitindo a passagem de uma tênue luz externa. Mas o ideal é que a criança durma no escuro, porque é na ausência de luz que o cérebro entende que chegou a hora de descansar.

Até os cinco anos é importante que a criança tire uma soneca no período da tarde. Sabemos que depois dos dois, três anos, muitas já não querem mais dormir de dia, mas é importante reservarmos ao menos um horário após o almoço para que elas fiquem ao menos deitadas na cama, descansando.

O sono é fundamental para o desenvolvimento de nossos filhos. Nesse sentido, é preciso respeitar cada fase e as necessidades de cada filho. Na adolescência, a necessidade do sono também é grande, devido ao crescimento e aos hormônios, e por isso é preciso incentivar os filhos a ir para a cama cedo e acordar cedo. Não deixe seu filho adolescente ir para o quarto com o celular ou o *tablet*, tampouco permita que haja TV ou computador no quarto dele. Hoje, cada vez mais o sono dos adolescentes é perturbado por causa dos eletrônicos — eles dormem tarde e mal.

Alimentação

Criança com fome fica irritada! A mãe precisa estar atenta aos horários, perceber quando a criança tem fome e esforçar-se para lhe oferecer uma boa alimentação. Não dar doces até os dois anos é regra que não deve ser burlada — parece frescura, mas ela é muito importante para bem formar os hábitos alimentares.

Quando a criança se recusa a comer nos horários das refeições, não se deve oferecer outra coisa no lugar. É preciso ensinar desde cedo que toda escolha tem suas conseqüências, e a conseqüência de não comer é sentir fome. Quando a criança não come no almoço, sua próxima refeição vai ser o lanche da tarde, ou poderá comer o almoço que rejeitou comer no horário certo. Não se preocupe, seu filho não morrerá de fome porque não quis almoçar; não lhe dê coisas mais apetecíveis para substituir a refeição. Assim ensinamos o autodomínio aos filhos: fazemos o que tem de ser feito.

A mesa é um ótimo lugar para educar. Ali se pode ensinar bons modos, a respeitar, dividir, esperar e dar a vez; cultivemos, então, o hábito de sentar-nos à mesa nas refeições. E temos de dar exemplo ao servir o nosso prato: comendo de tudo, de forma comedida. Se pai e mãe não comem abobrinha, tem pouco sentido exigir que o filho o faça.

> A mesa é um ótimo lugar para educar. Ali se pode ensinar bons modos, a respeitar, dividir, esperar e dar a vez.

Tomemos cuidado para que nossos filhos não criem o mau hábito de passar o dia comendo. É preciso ter horário para as refeições. A criança que come demais ou passa o dia todo comendo besteira, mastigando algo, pode ter ansiedade ou nervosismo; é preciso descobrir se algo a inquieta. Lembre-se de que o vício da luxúria está relacionado ao da gula, e que a temperança é uma virtude que ajuda a combater os dois. Uma criança ensinada a comer de forma equilibrada e nos momentos certos estará menos propensa a esses dois vícios.

A casa não deve, absolutamente, ser um quartel-general, porque assim morreria a espontaneidade. É preciso enfatizar, porém, que deve haver um mínimo de ordem nos horários e atividades para uma boa dinâmica no lar e para o bem-estar dos membros da família.

Higiene

Nenhuma criança gosta de ficar suja, com a fralda cheia, a roupa molhada e o nariz escorrendo. Todo mundo gosta de roupa cheirosinha e de estar bonito. Quando damos banho em um bebê, quando o vestimos e nele colocamos roupa quentinha e cheirosa, ele se sente profundamente amado. É cedo que se deve mostrar à criança uma rotina de higiene, ensinando-a a tirar o pijama, trocar a roupa, escovar os dentes, lavar o rosto e arrumar a cama. Ela deve entender que sempre tem de tomar banho, lavar as mãos antes das refeições e levar o prato e o copo à pia.

Quando cuidamos da higiene de nossos filhos e os ajudamos a desenvolver esse hábito, ensinamos-lhes a cuidar de si mesmos. Eles terão um bom amor-próprio, que os ajudará a se manterem longe de drogas e de tudo quanto possa lhes fazer mal ao corpo e à alma. Aprenderão como é bom e agradável estar bem para os outros e para si mesmos.

A educação da higiene aos nossos filhos se dá primeiro pelo nosso exemplo. Estejamos limpos, cheirosos e bem apresentáveis, com roupas limpas e cabelos penteados, mantendo a higiene da casa — os banheiros cheirosos, a pia vazia, o chão varrido, as paredes limpas —, porque o ser humano é influenciado pelo ambiente.

Ordem

A virtude da ordem não existe para engessar a nossa vida, mas para torná-la mais fácil. Muitos se enganam achando que a ordem tira a liberdade, mas é o contrário: ela promove a liberdade e a paz. Se tenho um lugar para deixar minha carteira, não me atrasarei procurando-a toda vez que tiver de sair de casa. Ordenar a vida e a casa faz bem a todos, e principalmente à educação das crianças. Se queremos que nossos filhos sejam organizados, precisamos ensinar-lhes a virtude da ordem. Devemos buscá-la organizando a casa e escolhendo um lugar para guardar cada coisa. Depois, temos de incentivar nosso filhos: brincou, guardou; usou algo, devolveu ao lugar certo; sujou, limpou — a depender da idade e da capacidade da criança, é claro. Com a prática diária dessas regrinhas, elas acabarão se tornando hábitos.

Além disso, há pequenas tarefas da organização do lar que já podem ser confiadas às crianças na medida que elas vão crescendo: arrumar a cama; dobrar o pijama; guardar calçados; recolher roupas sujas do banheiro e levar para a lavanderia; tirar o lixo; secar a louça; pôr a mesa; tirar o prato, talheres e copo e levá-los à pia após o uso; regar as plantas; recolher roupas do varal, dentre outras atividades. Para que as crianças possam participar de tudo isso, é importante que haja uma organização prévia na casa, que as coisas tenham seu lugar determinado. Para que a casa não viva lotada de brinquedos por todo lado, por exemplo, ensine a criança a guardar um brinquedo para depois pegar outro. "Cansou de brincar com este? Tudo bem, então vamos guardá-lo, daí eu deixo você pegar outro depois".

Além da ordem com as coisas da casa, é preciso que se respeite a ordem dos horários e compromissos da família. Como já mencionamos, criança gosta de saber o que vem em seguida. Criança também gosta das coisas no seu devido lugar. Não é incomum que uma criança abra um berreiro porque a mãe resolveu fazer algumas mudanças e trocou algo de lugar na casa.

Para ajudar as mães: listem tarefas domésticas, compras, o que falta em casa, programas com a família, projetos a realizar. Façam também um cardápio e comprem com antecedência o que for necessário, de modo que tenham tudo à mão quando forem cozinhar. Antecipem-se: deixem a mesa do café arrumada já na noite anterior, separem a roupa que será usada e, se precisarem, até a roupa das crianças; organizem a casa rapidamente no fim da noite — são necessários apenas de dez a quinze minutos para fazer isso. Dessa forma, acorda-se com mais leveza, pois no dia seguinte não há um caminhão de coisas para fazer ao mesmo tempo. Os quinze minutos ganhos de manhã farão muita diferença.

A ordem existe para facilitar a vida de todos nós, para que não desperdicemos o tempo, para que nossos filhos se sintam seguros e aprendam desde cedo que um ambiente organizado é reflexo de um interior ordenado.

CAPÍTULO 8

A formação humana dos filhos

O Abade René Bethléem explica magistralmente: "Educação é a arte de cultivar, exercitar, desenvolver, fortificar e polir todas as faculdades físicas, intelectuais, morais e religiosas que constituem nas crianças a natureza e a dignidade humana".[1] Mais à frente, ele compara a educação com a jardinagem. O jardineiro cultiva, rega, poda, protege das ervas daninhas, vigia o crescimento etc., tudo para o desabrochar dos frutos.

É, sem dúvida, um exemplo espetacular. Ao fazermos uma analogia entre o cultivo de uma árvore frutífera e o trabalho de educar os filhos, convencemo-nos de que é isso o que precisamos fazer: cultivar, regar, podar, proteger e vigiar. Plantar uma macieira em um brejo e abandoná-la à própria sorte é a receita perfeita para deixá-la morrer ou, na mais otimista das hipóteses, nunca colher seus frutos. Educação, porém, não pode ser confundida com instrução. Educar é um processo mais de puxar para fora do que de colocar para dentro. Sem a permissão e a vontade

---

[1] Abade René Bethléem, *Catecismo da educação*. São Paulo: Castela Editorial, 2019 — NE.

da criança, nenhum esforço para educá-la terá bom êxito. A própria etimologia do termo "educar" nos mostra isso: vem do latim *educare*, que significa "educar, instruir", também "criar". A etimologia da palavra nos esclarece: *ex*, para fora; e *ducere*, guiar, conduzir, liderar.

Dessa forma, torna-se óbvio que a vontade do educando é parte fundamental do processo educativo; sendo assim, não se educa ninguém que não queira educar-se. Mas isso seria, então, uma forma de justificar o fracasso de alguns esforços para educar, colocando essa responsabilidade apenas no educando? De maneira alguma, porque também compete aos pais educar a vontade de seus filhos. Como acontece, porém, a educação da vontade? Mons. Álvaro Negromonte afirma que essa vontade é educada de forma direta e indireta:

— *Direta*: "A disciplina doméstica ou escolar, com horários, hierarquia, silêncio, respeito aos direitos dos outros, ordem exterior, cumprimento dos deveres agradáveis ou não, atitudes corretas...".

— *Indireta*: "Esforçar-se para dominar os impulsos, resistir aos caprichos, reprimir os sentimentos inferiores, corrigir tendências viciosas, manter o espírito de disciplina, assegurar a tranqüilidade nos momentos de perigo, a perseverança, a coragem, a resistência aos exercícios físicos, a formação de bons hábitos, o respeito às leis (desde que justas), o respeito às regras dos jogos, ao cavalheirismo e à solidariedade...".[2]

---

[2] Mons. Álvaro Negromonte, *A educação dos filhos: A missão dos pais e educadores*. Sertanópolis, PR: Calvariae Editorial — NE.

Para treinar a vontade de nossos filhos, nós não podemos ter medo de exigir-lhes esforços, educá-los para os sacrifícios, para fazerem não somente as coisas de que gostam, mas sobretudo aquelas de que não gostam. Tudo isso forma a vontade, e para que tudo isso aconteça é indispensável que os mestres, seus pais, dêem o exemplo.

O exemplo dos mestres

O bom exemplo é o meio mais poderoso para educar. A criança mais observa e imita do que ouve. A imitação é própria do ser humano. Alegramo-nos com os alegres, entristecemo-nos com os tristes, copiamos frases, o jeito de falar, a forma de pensar etc. Podemos dizer que o homem é um ser que imita. A juventude e a infância — mas de maneira privilegiada a infância — são fases de formação que definirão o que seremos para o resto de nossas vidas ou, no mínimo, exercerão fortíssima influência. Sabendo que nossos filhos nos imitam e seguem nossos exemplos, não nos resta alternativa a não ser a de nos empenharmos em ser verdadeiros modelos para eles, com toda a responsabilidade que isso exige.

> Sabendo que nossos filhos nos imitam e seguem nossos exemplos, não nos resta alternativa a não ser a de nos empenharmos em ser verdadeiros modelos para eles.

Como já dissemos em capítulos anteriores, especialistas afirmam que é até os sete anos de idade que o caráter de uma pessoa é formado. Essa formação inicial será fundamental para influenciar toda a sua existência. A presença dos pais, sobretudo a da mãe, nos primeiros anos de vida, é como o alimento físico. O Dr. De Lamare, grande autor de livros para cuidados de bebês, diz que o afeto é, para uma criança até três anos, tão fundamental quanto a alimentação. É um drama o fato de uma mãe não poder ficar com os filhos pequenos durante a maior parte do tempo, mas é inegável que isso pode ser trágico para a educação de uma criança. Nossos filhos carecem de tempo cronológico, não apenas de tempo de qualidade. Nas crianças não existe um mecanismo emocional que contrabalance essa falta materna. A ausência é real para a criança, e ela não racionaliza isso. Para uma criança, nada justifica a ausência; elas não são mini-adultos. As justificativas dos adultos talvez possam acalentar outros adultos, mas a criança "pensa" muito mais com o coração.

Você talvez esteja se perguntando: "Mas o que faço, se hoje a minha situação exige uma ausência rigorosa na educação dos meus filhos?". Não é uma questão simples para muitas famílias, sabemos disso; se um ideal, porém, não for vislumbrado e perseguido, ele nunca será alcançado. O bom pastor não se conforma com a ovelha perdida, mas vai atrás dela. É um caminho de busca incansável, uma inconformidade com a situação atual, e por isso podemos dizer que é um bom incômodo. Algumas pessoas se irritam quando tocamos nesse assunto,

---

Se um ideal não for vislumbrado e perseguido, ele nunca será alcançado. O bom pastor não se conforma com a ovelha perdida, mas vai atrás dela.

sentem-se incomodadas e ao mesmo tempo conformadas. Conformar-se com o que é inadequado é como deixar a ovelha perdida nas montanhas e voltar com as outras para o aprisco: por mais que o pastor demonstre tranqüilidade e se convença de que não conseguiria achar a ovelha perdida, quando ele deitar a cabeça no travesseiro uma voz interior dirá: "Será que você fez tudo o que podia para salvar aquela ovelha? Você continua tranqüilo, mesmo ao pensar que aquela ovelha pode estar com frio, fome e sede?". "Eu sou o bom pastor. O bom pastor dá a sua vida pelas ovelhas" (Jo 10, 11).

O ambiente da educação

É essencial que a ordem, a hierarquia, a limpeza e o ornamento do lar sejam preservados. O ambiente é parte importantíssima da educação, não apenas um detalhe, e precisa elevar nossos filhos e conduzi-los aos objetivos que merecem ser buscados; assim como a arquitetura de uma igreja gótica nos faz pensar na grandiosidade de Deus, na beleza de suas obras e na nossa pequenez, também a casa onde se educa precisa ser o lugar sagrado em que se constrói o homem à imagem de Cristo. É no ambiente familiar que a criança se sentirá confortável e confiante. Não estamos falando de luxo, regalias, facilidades... até porque, para educar a vontade, são necessários sacrifícios e renúncias. Um lar, por mais simples que seja, tem de transmitir os valores essenciais da educação por meio da ordem e dos ornamentos.

Como seria possível alguém entender profundamente as coisas elevadas em um ambiente barulhento, onde a gritaria é a norma? O mau humor, os xingamentos, as brigas e a desordem destroem a educação. Como nossos filhos aprenderão qualquer coisa em um ambiente sujo e desarrumado? Como o educando aprenderá a se organizar nos vários aspectos da vida, se mora em uma casa onde não existem horários para levantar-se, rezar, comer, tampouco lugares fixos para isso? O aspecto exterior revela a disposição interior. Se nossas vestes revelam muito sobre nós, nossa casa revela muito mais. O ambiente ordeiro propicia a educação para as virtudes, que é o que queremos possuir, no final das contas. Sem vida virtuosa, a educação fracassa.

CAPÍTULO 9

As crises

É muito comum escutarmos brincadeiras sobre o casamento, seja em rodas de amigos, festas de família ou *shows* de *stand-up*; também é comum ouvirmos um exagero a respeito das dificuldades matrimoniais... Tudo isso leva a crer que o matrimônio é um péssimo negócio. Quem nos conhece e já ouviu pregações nossas, sabe que não raro tratamos de maneira bem-humorada das diferenças entre marido e mulher, porém há por trás de tudo quanto falamos um ensinamento que busca devolver ao matrimônio sua dignidade.

Todos nós, casais, passamos por crises, não apenas nos casamentos conturbados, porque elas acontecem em todos os relacionamentos. Alguns casais, devido sobretudo à imaturidade, criam a ilusão de que um casamento feliz é o mesmo que um casamento sem grandes dificuldades. Estão errados! Um casamento feliz é um casamento cujas dificuldades são encaradas com valentia e, por isso, superadas. E, após cada crise superada, o casal fica mais forte e unido e não se abala mais tão facilmente como antes, pois agirá com mais sabedoria e calma, evitando os erros de outrora.

Existem crises que são frutos do nosso egoísmo, das escolhas erradas que fazemos, enfim, dos nossos pecados. Outras, no entanto, são conseqüências das escolhas erradas do outro, das quais somos, de certa forma, vítimas. Alguns, na tentativa de resolvê-las, buscam achar culpados. Esse, porém, é o pior caminho, mesmo porque algumas crises não são culpa de nenhum dos cônjuges. Alguns casais entram em crise, por exemplo, por terem temperamentos muito diferentes; outros, por terem recebido uma formação familiar baseada no egoísmo; outros ainda, por terem vivido tragédias emocionais ou físicas. Enfim, as situações são quase infinitas, mas independentemente do que tenha acontecido nas nossas vidas, não estamos condenados a sermos vítimas e escravos das situações. Sempre podemos dar uma resposta diferente às circunstâncias que se nos apresentam.

As crises comuns

Algumas crises são muito comuns no casamento. Vamos citar brevemente algumas:

A DESCOBERTA DE CERTOS DEFEITOS

Logo que nos casamos, naturalmente começamos a conviver por mais tempo, dividindo os mesmos ambientes e todas as nossas escolhas começam a afetar o outro diretamente. É natural que apareçam divergências entre esses dois mundos que se unem. Os defeitos, que antes eram camuflados pela convivência restrita, agora se escancaram. A decepção é inevitável.

A CHEGADA DOS FILHOS

Quando os filhos chegam, as prioridades mudam, os horários são alterados, a vida financeira é reprogramada, há menos tempo livre... É possível passar por tudo isso com tranqüilidade e alegria quando há maturidade, mas não sem um esforço considerável. Alguns maridos dirão que foram colocados de lado, pois é natural que a esposa dedique atenção quase exclusiva ao bebê recém-nascido. Nesse momento, o marido precisa entender todo o processo e ter paciência, pois é próprio dessa fase a atenção intensa da mãe a seu filho.

A CRISE DA MEIA-IDADE

Em certa idade, ao percebermos que não teremos mais tanto tempo de vida, passamos a pensar na morte, que aos poucos se aproxima — disso se origina a chamada crise da meia-idade. O homem, então, pode adotar uma destas posturas: abrir-se para a espiritualidade e buscar a Deus, entrar numa nostalgia chata, ou a procurar sentir-se ativo de novo, podendo até despertar para a promiscuidade e buscar envolvimento com mulheres mais jovens. Esta última, uma inútil tentativa de auto-afirmação, causa problemas em casa, fazendo sofrer os filhos e a esposa. Nessa fase, é freqüente a busca por mais atividade e transcendência, que no final das contas é a busca por Deus.

A AUSÊNCIA DOS FILHOS

Há também a crise do casal que se vê mais solitário por causa da ausência dos filhos, seja no caso em que eles cresceram e saíram de casa, seja no caso do casal que não recebeu a dádiva da paternidade. No primeiro caso, os cônjuges terão de encarar alguns problemas que, em vista dos filhos, outrora haviam sido colocados sob o tapete. Nesse caso, o dois precisam fazer um caminho de retorno à convivência, descobrir o que podem fazer juntos e iniciar uma fase que pode e deve ser muito proveitosa. No segundo, a dor de querer conceber um filho e não conseguir pode ser muito intensa, principalmente para a mulher, mas os dois devem buscar aceitar com docilidade a vontade de Deus. É preciso que eles se lembrem de que podem e devem ser pais espirituais, acolhendo as almas que a Providência colocar em seu caminho e nutrindo-as na fé.

A APOSENTADORIA

Para alguém que esteve ativo no trabalho a vida toda, parar pode gerar uma crise angustiante. Não apenas os problemas nos perturbam, mas também a ausência deles. Enquanto temos algo a resolver, sentimo-nos úteis e produtivos. A ociosidade leva à angústia e a novos conflitos entre o casal. O caminho, então, é não parar. Procure se adaptar a outro ofício, seja cuidando de plantas, nas invenções com motores velhos, nas diversas atividades paroquiais, dentre outras coisas.

DIFICULDADES FINANCEIRAS

A dificuldade financeira é um dos principais motivos de crise e, de acordo com pesquisas, uma das razões mais comuns para desentendimentos e divórcios. A maioria das pessoas passou ou passará por dificuldades financeiras — não é o fim do mundo, é preciso que os dois mantenham-se calmos e unidos, para que um possa ajudar o outro com sugestões de novos trabalhos, "bicos" ou, mesmo, com apoio emocional.

As crises impróprias

Existem certas crises que não provêm de situações naturais, como fases da vida ou conseqüências da escolhas pelo matrimônio; mas são crises que podem ser evitadas, pois são conseqüências unicamente das nossas escolhas erradas. Vejamos:

A INVERSÃO DOS PAPÉIS

Esta ocorre quando a esposa assume o papel natural ao marido, que por sua vez se omite na educação dos filhos e na responsabilidade como esposo, recusando-se a ser a voz de comando da casa, a autoridade moral do lar, o conselheiro, o formador e construtor — o homem do silêncio infrutífero e da omissão. A inversão também acontece quando a esposa não é um eixo de unidade, não impõe regras claras aos filhos, negligencia a alimentação dos membros da família e a ordem do lar; mas tagarela o tempo todo, beirando a histeria, forçando o marido a suprir seu papel nos deveres domésticos.

A INTROMISSÃO DOS FAMILIARES

Quando permitimos que os familiares interfiram indevidamente na nossa vida conjugal, principalmente quando há interferência na educação dos nossos filhos, uma crise pode facilmente se instaurar, porque aquele cuja família é o agente da intromissão tende a ser mais paciente com os desmandos, o que irrita profundamente o outro cônjuge. Só há uma tal interferência quando o permitimos, e depende de nós reassumir as rédeas da situação.

Ciúme exagerado

O ciúme faz parte de todo relacionamento saudável, pois é o sentimento que explicita a fidelidade como lei natural. Mas, de forma exagerada, sem motivos para existir, revela insegurança e baixa auto-estima. É preciso ir à raiz do problema para tentar resolvê-lo, afinal ele é apenas a ponta do *iceberg*; a febre, e não a infecção. O ciúme exagerado pode originar-se de acontecimentos passados, como decepções e traições, ou nos sentimentos de rejeição e abandono.

Falta de atenção entre o casal

Automatizar o relacionamento a dois é mais fácil do que muitos pensam: basta deixar-se envolver demais pelas inúmeras atividades do lar, do trabalho ou, mesmo, da paróquia, do serviço missionário etc. Os cônjuges deixam de perceber um ao outro como antes. Não se despedem mais ao saírem de casa, apenas dizem que estão indo; não se beijam e não manifestam mais gestos espontâneos de carinho; chegando em casa, mal se cumprimentam e pouco revelam sobre seus dias. Também um dos grandes estímulos à indiferença é a falta de discernimento quanto ao uso do celular. Aqui, é suficiente uma breve reflexão para reconhecermos tais desequilíbrios em nossas relações. É muito fácil nos perdermos em meio a tantos vídeos, fotos e comentários interessantes que encontramos nas redes sociais. Por isso, é necessário tomar uma atitude firme, deixando os exageros de lado pelo bem do nosso casamento. O uso irrestrito das redes sociais faz com que o casal negligencie não apenas o bom convívio entre si, mas também a atenção que deveria ser dada aos filhos.

Superando um casamento conturbado

Qualquer desarmonia não começa de uma hora para outra. Não é de súbito que o marido acorda mal-humorado e decide mandar a mulher ir pastar. Tudo é conseqüência das escolhas que fizemos no decorrer da vida, desde o tempo do namoro até hoje. Alguns casamentos infelizes são vítimas da euforia do namoro, de decisões apaixonadas, mas pouco conscientes: muita emoção e quase nenhuma razão. Comprometeram-se em uma união sacramental para a vida toda, baseando-se em sonhos compartilhados, carícias, hormônios, muito coração e pouco cérebro. Quando a dura realidade da vida se impõe, saem loucos atrás de uma solução que não possuem... Casaram-se desconsiderando que a paixão dura em média três anos, e que só depois dessa fase nasce o amor de verdade. Não se casaram porque estavam comprometidos com o vínculo sacramental, mas porque queriam liberdade e aventura; não para amar o outro, mas porque amam ser amados.

Em muitas separações, os cônjuges alegam que "o amor acabou". Espere aí... a que amor eles estão se referindo? Amor não é paixão, sensações glandulares, hormônios... ou seja, egoísmo. Em nome desse "amor", justifica-se o rancor. Nunca se ouviu tanto falar de "amor": ele aparece em quase todas as músicas, novelas, nos enredos de filmes etc. Parece que tudo gira em torno dele, mas repetimos: nunca se soube tão pouco o seu significado. Santa Gianna dizia: "Não se pode amar sem sofrer e sofrer sem amar"; e Madre Teresa de Calcutá: "O amor, para ser verdadeiro, tem de doer. Não basta dar o supérfluo a quem necessita, é preciso dar até que isso nos machuque". Amor é, inevitavelmente, sacrifício. Veja por você mesmo: pense na pessoa que mais o amou na vida, e note se esta não foi a pessoa que mais se sacrificou por você.

Ao olharmos para o Cristo crucificado, entendemos o que é amor de verdade, e o exemplo dele é o suficiente para provar que amor não é sinônimo de entusiasmo. Tudo ao nosso redor diz que amor é sinônimo de emoção, mas amor só se resume a sentimento para o imaturo, para aquele que ainda não entendeu que o amor de verdade está na vontade. A vontade fraca é característica dos nossos tempos, conseqüência de uma série de facilidades modernas. Nunca tivemos tantos gostos satisfeitos, tantos desejos atendidos e, com isso, tanta dificuldade em cumprir um compromisso.

Existem também aqueles casais que são "café com leite": não são infelizes nem felizes, não brigam o tempo todo, mas também nunca se alegram juntos; parecem, então, dois divorciados vivendo sob o mesmo teto. O mútuo desinteresse é tão ruim quanto o ódio. Numa tentativa de se evitar conflitos, alguns casais desenvolvem o mecanismo da indiferença, mas, agindo assim, também estão fadados à infelicidade. Não suportam mais olhar nos olhos um do outro; tratam-se como dois estranhos. Casais assim são capazes de viver muitos anos sem uma conversa íntima, sem rememorar os bons momentos que viveram juntos: são superficiais e não se aprofundam no sacramento que receberam.

Tanto os casais que vivem em permanente conflito como os que vivem em contínua indiferença são capazes de enganar os mais próximos — com exceção dos filhos —, aparentando felicidade, seja quando estão com visitas, seja nas festas ou na casa dos amigos. Todos julgam exemplar aquele casamento e se assustam tremendamente quando recebem a notícia do divórcio do tal "casal modelo". Dizem: "Meu Deus! Mas como? Pareciam se dar tão bem...". Mas a surpresa mesmo é somente para os de fora, que não percebiam o desgaste do casal. É na convivência do dia-a-dia que vemos quem é o outro; aí não existe máscara capaz de esconder as nossas misérias. Não conseguimos mentir por muito tempo para nossos filhos e nosso cônjuge. Podemos ter cargos civis importantes, mas dentro do nosso lar estamos despidos de todo faz-de-conta.

A família não é apenas o núcleo que molda o comportamento de toda a

> A família é o lugar sagrado onde Deus se manifesta. É ali, na extraordinária vida comum do nosso lar, onde é mais importante lutar contra nossos vícios de temperamento. O que não somos em casa, jamais seremos, de verdade, fora dela.

humanidade: é o lugar sagrado onde Deus se manifesta. É justamente por isso que é necessário entender que é ali, na extraordinária vida comum do nosso lar, onde é mais importante lutar contra nossos vícios de temperamento. A família é, sem dúvida, o lugar onde começa todo o trabalho de restauração. O que não somos em casa, jamais seremos, de verdade, fora dela.

Poder-se-ia dizer que os comportamentos humanos não sofrem influências apenas da família, o que é verdade, mas até a influência que não provém da família exerce maior ou menor influência de acordo com a dinâmica familiar. Ninguém sai incólume da família; se ela for forte, com valores inegociáveis, regras claras, ordem, hierarquias reconhecidas, espiritualidade bem definida, sendo tudo isso fruto de um casal que se ama de verdade, então as chances de felicidade no lar irão às alturas. Filhos provenientes de famílias assim são emocionalmente mais seguros e formarão famílias mais fortes, tendendo a escolher seus parceiros de acordo com o modelo que viram funcionar dentro do próprio lar, porque querem replicar a boa experiência.

Diante do desafio de superar as dificuldades de um casamento conturbado, comece imaginando como o esforço para salvar o seu relacionamento pode ser recompensado pelo exemplo que ele dará a sua prole. Imagine o que isso poderá causar num filho que sempre observa o comportamento dos pais. Nós, pais, estamos dispostos a fazer todo tipo de sacrifício pelos nossos filhos, não é mesmo? Entenda, então, que lutar pelo seu casamento não é apenas dar a seus filhos a paz, a saúde emocional de que eles precisam, mas também salvar suas almas. Quantos filhos se perderam porque foram buscar consolo para os dilemas familiares em mundos desconhecidos? Quantos deles tiveram suas vidas familiares destinadas ao fracasso por causa de feridas e maus exemplos que carregaram até a vida adulta? Quantas meninas criaram repulsa à figura masculina por causa das maldições ao pai lançadas pelas palavras da mãe; quantos meninos começaram a objetificar as mulheres por perceberem esse comportamento no pai? E como poderia ser diferente, se foi exatamente isso o que aprenderam observando as atitudes e palavras de seus pais?

    Quando um casal faz todo o esforço possível para recuperar a harmonia conjugal, toda a família é beneficiada: pais e filhos. Afinal, todos almejam a felicidade, e todo filho tem o direito de viver em um lar saudável e equilibrado. É tarefa de ambos os esposos lutar e trabalhar arduamente para alcançar essa meta. Uma família forte é a glória da vocação matrimonial.

CAPÍTULO 10

Uma casa sobre a rocha

Por mais que você já o tenha lido, leia com atenção redobrada esse trecho da Sagrada Escritura:

> *²⁴ Aquele, pois, que ouve estas minhas palavras e as põe em prática é semelhante a um homem prudente, que edificou sua casa sobre a rocha.*
> *²⁵ Caiu a chuva, vieram as enchentes, sopraram os ventos e investiram contra aquela casa; ela, porém, não caiu, porque estava edificada na rocha.*
> *²⁶ Mas aquele que ouve as minhas palavras e não as põe em prática é semelhante a um homem insensato, que construiu sua casa na areia.*
> *²⁷ Caiu a chuva, vieram as enchentes, sopraram os ventos e investiram contra aquela casa; ela caiu e grande foi a sua ruína.*
> — Mt 7, 24–27

Essas palavras de Jesus dizem respeito a nossas famílias diretamente, revelando não apenas o melhor alicerce para edificarmos nossa casa, mas também os perigos que ameaçam nosso lar caso insistamos em fazer tudo do nosso jeito e não do jeito de Deus. A tendência de todos nós é buscarmos caminhos mais fáceis, alternativas menos dispendiosas e rápidas para tornar o convívio familiar harmonioso, mas grandes obras exigem grandes sacrifícios. O que muito vale, muito custa.

Na parábola da casa sobre a rocha, a casa é nossa família; a rocha é Cristo e Sua Igreja; a Palavra ouvida é a doutrina, bem como os mandamentos de Deus; a grande ruína é a perdição, que surge como conseqüência de ouvir a verdade e não a colocar em prática; as chuvas, enchentes e ventos são os inimigos da alma, que vêm de todas as direções. Podemos associar a chuva ao *mundo*, os ventos à *carne*, e as enchentes ao *diabo*, que são os três inimigos da alma. Falemos mais sobre eles.

Os três inimigos da alma

Todos os males aos quais a alma está sujeita procedem dos três inimigos já mencionados: o mundo, o diabo e a carne. Se pudermos nos esconder deles, não teremos combates para lutar. O mundo é menos difícil, e o diabo é mais difícil de entender; mas a carne é a mais obstinada de todas, e a última a ser superada junto com o homem velho.
— São João da Cruz

Estes três inimigos da alma e, por conseqüência, da família, foram denunciados por Jesus também no capítulo quatro do Evangelho de São Marcos, quando Jesus conta a parábola do semeador.

1. O MUNDO

Outros ainda recebem a semente entre os espinhos; ouvem a palavra, mas as preocupações mundanas, a ilusão das riquezas, as múltiplas cobiças sufocam-na e a tornam infrutífera.
— Mc 4, 18–19

Obviamente, o mundo, aqui, não é entendido como o cosmo, mas a realidade que nos cerca e que foi atingida pelas conseqüências do pecado original, tantas vezes denunciadas pelas Sagradas Escrituras. "Se o mundo vos odeia, sabei que me odiou a mim antes que a vós. Se fôsseis do mundo, o mundo vos amaria como sendo seus. Como, porém, não sois do mundo, mas do mundo vos escolhi, por isso o mundo vos odeia" (Jo 15, 18–19).

Vivemos em tempos que nos proporcionam, em certo aspecto, algumas facilidades, e isso em si mesmo não é um mal. Porém, junto com as facilidades vem o perigo dos vícios: gula, avareza, luxúria, ira, inveja, preguiça e orgulho — os 7 pecados capitais — são alguns deles, que podem colocar tudo a perder. Tudo parece estar à nossa disposição com uma facilidade jamais imaginada em outros tempos. Se, por um lado, temos tantas graças derramadas, tantos conteúdos disponíveis,

> Perdemos a resiliência que tinham os antigos, somos uma geração com a vontade enfraquecida pelas facilidades, pelo politicamente correto e pelos mimos modernos, de modo que a mentalidade mundana é um risco grave à nossa salvação.

tanto contato com a verdade; temos na mesma proporção, por outro, os venenos, como que em cápsulas prontas para o consumo, sendo oferecidos o tempo todo, a cada esquina que dobramos. O mundo é sedutor, e é difícil resistir aos seus caprichos. Para piorar a situação, perdemos a resiliência que tinham os antigos, somos uma geração com a vontade enfraquecida pelas facilidades, pelas inúmeras variedades disponíveis, pelo politicamente correto e pelos mimos modernos, de modo que a mentalidade mundana é um risco grave à nossa salvação. Essa mentalidade, uma vez assimilada, não fica só no campo das idéias, mas se converte em práticas imorais.

O mundo, entendido como essa realidade paganizada, é hostil aos nossos princípios e intolerante à fé. Não suporta o contraditório e será cruel com quem ousar insistir em nadar contra sua correnteza. É imprescindível termos essa clareza para não sermos pegos de surpresa. Por isso, é incompatível, para um cristão, viver uma amizade com o mundano pelo simples fato de não poder haver comunhão entre partes antagônicas. "Não vos prendais ao mesmo jugo com os infiéis. Que união pode haver entre a justiça e a iniqüidade? Ou que comunidade entre a luz e as trevas?" (2Cor 6, 14). Entenda de uma vez por todas: o mundo é inimigo de Deus e fará de tudo para exterminar todas as fagulhas de luminosidade cristã.

Ninguém em sã consciência coloca um bandido para dormir na sala de sua casa, enquanto seus filhos dormem no quarto. Por que, então, essa tolerância absurda com os inimigos disfarçados de entretenimento? Não se percebe o mundo roubando a pureza de seus filhos, assim como a de toda a família? Quantas coisas abomináveis aos olhos de Deus você já assimilou e tem como normal! "...não sabeis que o amor do mundo é abominado por Deus? Todo aquele que quer ser amigo do mundo constitui-se inimigo de Deus" (Tg 4, 4).

Sabemos, no entanto, que o mundo é o inimigo menos difícil de ser vencido, como afirma São João da Cruz, justamente por ser o inimigo mais declarado e perceptível. É o primeiro que precisa ser derrotado. Sem essa vitória sobre o mundo, não avançaremos contra a carne e o diabo. Apesar de o mundo ser o inimigo menos difícil, isso não faz dele um inimigo fácil de ser vencido. Ou você acha fácil resistir à proposta de um dinheiro fácil, mas desonesto? Selecionar as músicas, programas de TV e *sites* com que seus filhos adolescentes e vocês terão contato? Renunciar a alguns tipos de amizade? Deixar algumas práticas já quase consolidadas para nós não é nem um pouco trivial. Por isso, não faça pouco-caso desse inimigo da alma; prepare-se e rompa com ele, não dando chances para que o mundo o envolva em seus engodos.

2. O DIABO

Alguns se encontram à beira do caminho,
onde ela é semeada; apenas a ouvem,
vem Satanás tirar a palavra neles semeada.
— Mc 4, 15

Assim como a enchente que chega por baixo inundando e destruindo a casa, também Satanás chega sorrateiramente a fim de "roubar, matar e destruir" (Jo 10, 10). Ele continua sendo a serpente que rasteja silenciosamente por debaixo da porta com seu veneno mortal. Como uma das ações do maligno é roubar, ele não perde tempo e vai logo roubando aquilo que pode salvar-nos da morte eterna: a Palavra de Deus semeada no nosso coração. O que ele sabe fazer de melhor é arrancar dos nossos corações a Verdade de Deus, a fim de manter cativa na mentira do pecado a alma humana destinada à salvação eterna.

Mas o diabo só tem influência determinante na nossa vida se dermos a ele o nosso consentimento, seja explícito, demonstrando abertura à sua interferência pelo pecado; ou implícito, por uma vida afastada da graça de Deus. Ele pode nos tentar, mas seu poder é limitado por Deus: "Não vos sobreveio tentação alguma que ultrapassasse as forças humanas. Deus é fiel: não permitirá que sejais tentados além das vossas forças, mas com a tentação, ele vos dará os meios de suportá-la e sairdes dela" (1Cor 10, 13). Ele não pode, por exemplo, ter acesso diretamente à nossa inteligência, ao nosso entendimento, que, junto com a vontade, compõe o espírito e está na parte superior da alma. Só Deus e aqueles a quem Deus permitir têm acesso ao intelecto e à vontade, pois pertencem ao espaço sagrado onde só Deus conhece.

Contudo, o diabo pode acessar integralmente nossa imaginação, e aí é que mora o perigo. A imaginação é um de nossos sentidos internos; é a parte mais inferior da alma e tem a função de reter aquilo que foi captado pelos sentidos externos. O demônio tem total acesso às imagens que estão na imaginação, mas não pode colocar lá uma imagem com que nossos sentidos exteriores nunca tiveram contato. Com isso, percebemos a necessidade, como bem diz o Prof. Leonardo Penitente, de, mais que educar nossa imaginação, santificá-la. Essa responsabilidade é elevada à milésima potência quando falamos sobre a santificação da imaginação dos nossos filhos. Se nós os preservamos dessa avalanche promíscua que vemos invadindo suas mentes, o diabo ficará sem elementos para tentá-los pela imaginação.

Se a imaginação é a elaboração na mente daquilo que meus sentidos captaram, e se o diabo tem acesso a isso, você consegue entender quão grave é não evitar o contato dos nossos sentidos com o pecado? Permitir que imagens, músicas, conversas impuras e todo tipo de paganismo adentre em nossos lares é fornecer ao diabo o combustível e o fogo. Alimentar nossos sentidos com o bom, o belo e o verdadeiro é tirar os meios de ação do maligno. Nutrir nossa alma e a de nossos familiares com práticas virtuosas, boas leituras, boas músicas e nos cercarmos de bons exemplos é fechar brechas. Matar a imaginação imprópria por inanição: esse é o objetivo. A luta espiritual é real e constante: "Sede sóbrios e vigiai. Vosso adversário, o demônio, anda ao redor de vós como o leão que ruge, buscando a quem devorar" (1Pd 5,8).

> Alimentar nossos sentidos com o bom, o belo e o verdadeiro é tirar os meios de ação do maligno.

Existem forças espirituais que atuam nesse mundo a fim de perder as almas. Nunca menospreze esse fato, porque, desdenhando essa realidade, fortalecemos o inimigo oculto que age quer acreditemos nele ou não.

> Existem forças espirituais que atuam nesse mundo a fim de perder as almas. Desdenhando essa realidade, fortalecemos o inimigo oculto que age quer acreditemos nele ou não.

quer acreditemos nele ou não. Infelizmente, algumas pessoas despreparadas acreditam que o fato de não pensar sobre o assunto as deixa isentas das influências espirituais. Este é um grande engano e até mesmo uma tática satânica, e aqueles que ignoram a existência dessa realidade contribuem muito para os planos do inimigo, pois ficam à mercê dos embustes próprios do pai da mentira. "Pois não é contra homens de carne e sangue que temos de lutar, mas contra os principados e potestades, contra os príncipes deste mundo tenebroso, contra as forças espirituais do mal espalhadas nos ares" (Ef 6, 12).

Batalhas espirituais se vencem com armas espirituais. Ninguém teria êxito contra a tentação diabólica construindo um *bunker* com paredes de aço; a natureza da realidade espiritual é outra. Esta guerra se dá através de uma realidade também espiritual. E como isso funciona? Quanto mais nos aproximamos da *graça*, que é a presença de Deus atuante na nossa vida, mais fortalecidos estaremos para enfrentar esse tipo de guerra. Essa graça é um grande presente, um dom que Deus quer dar a todos, sem exceção. Ela atua de forma privilegiada por meio dos sacramentos da Igreja e mediante nossa vida em consonância com o que nos ensina o Senhor. É dom e tarefa. É a graça que recebo e sem a qual não consigo avançar,

---

> Batalhas espirituais se vencem com armas espirituais. Quanto mais nos aproximamos da graça, que é a presença de Deus atuante na nossa vida, mais fortalecidos estaremos para enfrentar esse tipo de guerra.

e é esforço heróico da nossa parte. Batalha, luta, sangue e suor. É combater o bom combate, como diz São Paulo. Uma vida de santidade é o maior dos exorcismos.

A não ser que Deus o permita em vista de algum propósito extraordinário, o demônio não tem poder algum de ação sobre os que estão vivendo em estado de graça. Mas nunca se esqueça: o inimigo não cansa e não descansa. Não baixemos a guarda. "Portanto, quem julga estar de pé, cuidado para não cair" (1Cor 10, 12).

3. A CARNE

Outros recebem a semente em lugares pedregosos; quando a ouvem, recebem-na com alegria, mas não têm raiz em si, são inconstantes, e assim que se levanta uma tribulação ou uma perseguição por causa da palavra, eles tropeçam.
— Mc 4, 16–17

A inconstância que Jesus menciona na parábola do semeador é justamente a vontade fraca, a falta de obstinação que nos faz escravos dos nossos apetites e alimenta a tendência ao pecado que carregamos em nossa carne. Essa tendência é o que chamamos de *concupiscência da carne*. É nossa tendência à rebeldia, herdada do pecado original dos nossos primeiros pais e que nos acompanha por toda a vida. "A carne é a mais obstinada de todas, e a última a ser superada junto com o homem velho" (São João da Cruz). Se nos falta obstinação na vontade, sobra obstinação da concupiscência em nós. Não se iluda, a luta contra a

> Nossa natureza corrompida não quer saber do sacrifício, da renúncia, do esforço, da luta, da generosidade, do amor! Ela quer se entregar ao prazer, ao mesmo tempo em que quer fugir da dor, como os animais.

carne vai nos acompanhar até o último momento de vida. Esta nossa natureza corrompida não quer saber do sacrifício, da renúncia, do esforço, da luta, da generosidade, do amor! Ela quer se entregar ao prazer, ao mesmo tempo em que quer fugir da dor, como os animais.

Dentro do matrimônio, nossa carne quer evitar os sacrifícios, pautar as nossas escolhas no nosso egoísmo e não naquilo que é bom para nossa família. Quando abraçamos a vocação matrimonial, abraçamos com ela a cruz de Cristo e todos os seus incômodos. O problema é que casais entram no matrimônio com a idéia de que viverão numa "fazendinha feliz"... eles não tardarão a perceber, porém, que, se quiserem ter uma vida harmoniosa, precisarão incorporar sem demora ao seu matrimônio o esvaziamento de si, o sacrifício.

As tentações provenientes do demônio se vencem com a oração, mas as tentações que provêm da nossa carne são vencidas com a mortificação, com pequenos e grandes sacrifícios que fortifiquem nossa vontade, que nos ajudem a ser mais fortes que nossos desejos e que nos eduquem a morrer diariamente para nós mesmos. Hoje, as pessoas até se dispõem a rezar, mas

> As tentações que provêm da nossa carne são vencidas com a mortificação, com pequenos e grandes sacrifícios que nos eduquem a morrer diariamente para nós mesmos.

poucas se dispõem à prática das mortificações. Sem elas, não há vitória sobre a carne.

Depois que nos casamos, não vivemos mais para nós mesmos. Quem está no centro agora são nosso cônjuge e nossos filhos. Essa é a dinâmica que vence o egoísmo e nos amadurece. Uma vida entregue aos domínios da carne é o retrato da imaturidade. A característica mais latente do homem imaturo é a busca pela realização pessoal em detrimento da sua família. Ele não entende que sua vocação é sacrificar-se, promover o bem do outro, e não o empenho em satisfazer seus gostos, desejos e projetos pessoais.

A carne é um inimigo perigosíssimo, porque ele não está fora, como o mundo e o diabo, mas dentro de nós. Todo inimigo, quando se instala na parte de dentro, torna-se automaticamente o mais danoso. Traidores que ocupam cargos de confiança num governo, numa empresa ou em qualquer instituição são os inimigos mais perigosos. Enquanto adversários externos são, muitas vezes, grandes motivadores para a unidade da organização, os internos só conseguem produzir o caos e a divisão.

Não devemos subestimar esse perigoso inimigo da alma que é a carne, não devemos enfrentá-lo em momento algum. Problemas e dificuldades nós enfrentamos, mas das tentações nós fugimos. Quando São Paulo diz: "Quando sou fraco é que sou forte" (2Cor 12, 10), ele está nos ensinando que é no reconhecimento da nossa fraqueza que descobrimos a graça de Deus. Um grande erro muitíssimo comum que se comete é, durante um período de fortaleza, nos sentirmos inatingíveis, quase santos. É nessa hora que a carne desperta e traz à tona o pior de nós. A situação da alma, então, se torna pior do que quando estava anteriormente. "Quando um espírito imundo sai do homem, anda por lugares áridos, buscando repouso; não o achando, diz: Voltarei à minha casa, donde saí. Chegando, acha-a varrida e adornada. Vai então e toma consigo outros sete espíritos piores do que ele e entram e estabelecem-se ali. E a última condição desse homem vem a ser pior do que a primeira" (Lc 11, 24–26).

Quem se sente fraco sabe que não pode confiar na própria carne e evita ocasiões de queda, protegendo, assim, sua própria imaginação de tudo aquilo que leva ao pecado. Como você pretende viver a castidade no matrimônio, se sua mente é alimentada por impurezas? Não é possível um relacionamento conjugal regado a pornografia, por exemplo, alcançar seu objetivo diante de Deus. Assim como não é possível ter confiança mútua entre esposos que compactuam com traições, mesmo que sejam traições visuais e imaginativas pelo uso de vídeos eróticos para "apimentar" a relação. De fato, quem aceita esse tipo de coisa sabe que seu cônjuge, se surgir uma oportunidade, terá chances enormes de ceder à prática do adultério. Isso causa desconfiança, motivo para muitos confrontos. A carne é como um dragão sempre vivo e que se fortalecerá ou enfraquecerá de acordo com a qualidade do alimento que lhe damos e a freqüência com que fazemos isso.

> É no reconhecimento da nossa fraqueza que descobrimos a graça de Deus. Quem se sente fraco sabe que não pode confiar na própria carne e evita ocasiões de queda.

Conclusão

Todo esforço para termos uma família forte seria em vão se ignorássemos a necessidade da vivência dos sacramentos que a Igreja nos proporciona. Batismo, Confissão, Eucaristia, Confirmação (Crisma), Matrimônio, Ordem e Unção dos Enfermos. Contemplem e meditem sobre cada um destes sete sacramentos e percebam a graça imensurável que Deus nos concedeu! As práticas de piedade cotidianas são extremamente importantes, mas não superam o poder dos sacramentos. São eles que alimentam a família forte; dão a ela a capacidade de amar com amor sobrenatural e a conduzem à salvação. É inconcebível admitir uma vida na graça sem a vivência dos sacramentos. Não há sobre a face da Terra uma manifestação tão concreta de Deus quanto os sacramentos, pois é por eles que Deus se manifesta plenamente na vida do seu povo.

> São os sacramentos que alimentam a família forte e dão a ela a capacidade de amar com amor sobrenatural.

Poderíamos ter tratado dos sacramentos no capítulo sobre a espiritualidade, mas quisemos que esse assunto ficasse por último, na conclusão, a fim de que fosse mais facilmente recordado. A vivência dos sacramentos após a leitura desse livro não é opcional, é a única escolha a ser feita. Não existe "sobre a mesa" a possibilidade de seguir tocando nossas vidas sem a introdução na vida sacramental. Ignorar os sacramentos é ignorar o próprio Deus que escolheu os sacramentos como caminho de sua manifestação a nós. Aquele que decide, livre e conscientemente, não participar do Santo Sacrifício da Missa, está dizendo que pouco importa se Jesus Cristo está na Sagrada Eucaristia, ou se ali se renova o sacrifício da cruz. Jesus Cristo se faz Eucaristia num gesto de extremo amor, submetendo-se aos cuidados dos homens, inclusive sob risco de profanação, para que nós possamos recebê-lo. Isto não é, logo, uma opção para quem ama a Deus: é uma condição.

Assim como a Eucaristia, todos os outros sacramentos são a manifestação sobrenatural de Deus na nossa vida, sem a qual nenhum bem poderíamos realizar. Notamos essas graças primeiramente pelo batismo, que nos faz filhos de Deus, templos do Espírito Santo, e gera em nós os dons de santificação, chamados de dons infusos. São eles: ciência, entendimento, sabedoria, conselho, piedade, fortaleza e temor de Deus. Deus foi pródigo conosco, e esses auxílios da graça para a árdua tarefa de resistir às tentações do diabo e crescer em virtudes impressionam pelo poder que possuem.

> Assim como a Eucaristia, todos os outros sacramentos são a manifestação sobrenatural de Deus na nossa vida, sem a qual nenhum bem poderíamos realizar.

Pense você, mais uma vez, que imensa graça é o sacramento da Eucaristia! A presença real de Jesus, nas espécies do pão e do vinho, que se entrega a nós e por nós ao Pai em cada celebração da Santa Missa. Jesus, em sua presença em Corpo, Sangue, Alma e Divindade.

O sacramento da reconciliação é aquele pelo qual, mediante a confissão dos pecados, temos nossas culpas completamente apagadas. Este sacramento é o único tribunal onde nos assumimos culpados e saímos absolvidos.

Para um bom guerreiro de Deus, não poderia faltar o sacramento do crisma, que é a confirmação daquele batismo que recebemos quando ainda éramos bebês. Agora, de forma consciente, digo sim ao Espírito Santo de Deus, abro-me aos seus dons e torno-me um combatente pela fé.

O sacramento do matrimônio é aquele que faz dos que o recebem um sinal da fecundidade de Deus na Terra e que prefigura a união de Deus com seu povo. Por esse sacramento, tornamo-nos a prefiguração de quem Deus é: comunhão. Com ele, temos um prenúncio do nosso destino: participar da divindade de Deus na glória do céu.

> Com o sacramento do matrimônio, temos um prenúncio do nosso destino: participar da divindade de Deus na glória do céu.

Deus, ainda em sua imensa misericórdia, deixou-nos o sacramento da ordem. Ele possibilita que Deus desça à Terra novamente a cada Santa Missa celebrada por um sacerdote, que age na pessoa de Cristo (*in persona*

Christi), e permite ao sacerdote ministrar todos os outros sacramentos em favor da nossa salvação.

E, por fim, o sacramento da unção dos enfermos. A cura de Deus. Quando a Sagrada Escritura fala de cura, ela se refere também à cura espiritual, ou seja, à salvação da alma. A unção dos enfermos, além de perdoar os pecados de quem o recebe, é o bálsamo curador do corpo. Inúmeros são os testemunhos de curas físicas que aconteceram através desse sacramento. De todos os sacramentos, a unção dos enfermos é o menos valorizado, o que é uma grande lástima. Já imaginou quantas almas poderiam ser salvas se sua administração fosse mais freqüente? Inúmeras pessoas morrem diariamente sem o auxílio desse sacramento. Muitas delas se perdem para sempre porque seus familiares não quiseram "constranger" o enfermo com a presença de um sacerdote. Pensam que é melhor que o familiar não desconfie que possa estar muito grave ou em vias de falecer... Mas não é a perdição eterna de uma alma um preço muito alto a se pagar por isso?

Colocamos em suas mãos um caminho certo para se conquistar a restauração de seu casamento e de sua família. De agora em diante é com você! Lembre-se: vida cristã é dom e tarefa. É graça e esforço. Fé e obras. É dizer: "Senhor, Senhor", mas é também fazer a vontade do Pai.

Que a Virgem Maria, Mãe de Deus e nossa Mãe, interceda por nós. Amém.

FICHA CATALOGRÁFICA

Déia & Tiba Camargos.
Família forte: Ordem, estratégia e muita graça / Déia &
Tiba Camargos — Campinas, SP: Ecclesiae, 2021.

ISBN: 978-65-87135-37-3

1. Matrimônio. 2. Cristianismo.
I. Autor. II. Título.
CDD — 265.5 / 230

ÍNDICES PARA CATÁLOGO SISTEMÁTICO
1. Matrimônio — 265.5
2. Cristianismo — 230

Este livro foi impresso pela Ferrari Daiko.
Os tipos usados para este livro foram Arno Pro.
O miolo foi feito com papel Chambril Avena 80g
e a capa com cartão Triplex 250g.